Peter Niederstein
Vertrauen wider die Angst

Peter Niederstein

Vertrauen wider die Angst

Taminser Predigten

Verlag Merker im Effingerhof Baden

© 1993 Verlag Merker im Effingerhof,
CH-5400 Baden
Satz und Druck: Effingerhof AG, CH-5200 Brugg
Printed in Switzerland
ISBN 3-85648-108-7

In der Reihe *Evangelische Schriften*

Inhalt

Zum Geleit	7
Was trägt uns eigentlich?	9
Für die Kultur des dialogischen Streits unter Christen	15
Taufe: «Merkwürden» statt «Hochwürden»	23
Die absurde Angst vor der Freiheit	29
Wer wählt, bleibt verantwortlich	38
Vorwiegend heiter	44
Oekumenische Trauerzeit?	49
Überwindung des religiösen Egoismus	53
So leben wir und nehmen immer Abschied	60
Wider die Geistlosigkeit des geistlichen Standes und anderer	66
Es läuft rund	75
Hörfähigkeit als Frieden	81
Dank und Klage machen offen	86
Ein Lachen hat uns Gott bereitet	88
Der Autor Peter Niederstein	95

*Die reformierte Kirche in Tamins
(Foto: Armin Mani)*

Zum Geleit

Welches Glaubenserleben bewegte die Reformatoren, im Gottesdienst auf das Wort zu setzen, auf das Lesen und Predigen der Bibel? Wieso konnte etwa Zwingli sagen: «Welche ist Christi Kilch? Die sin Wort hört!»? Und was liess Luther 1532 in einer Predigt ausrufen: «Ihr wisst, dass der grösste Gottesdienst ist die Predigt, und nicht allein der grösste Gottesdienst, sondern auch unser Bestes, das wir haben können in allen Sachen.»?
Ich will versuchen, dies in meiner Weise zu beantworten. Offenbar erlebten die Reformatoren und andere mit ihnen: Im Gottesdienst ist Gott primär der Handelnde! Und Gott tut das so: Er begegnet uns in dem, was unser Wesen ausmacht und uns von den anderen Geschöpfen unterscheidet – das ist das Wort. Es trifft uns in Jesus Christus. Eben: «Im Anfang war das Wort... Und das Wort ward Fleisch» (Johannes 1).
Wort ruft nach Antwort. Aber erst will das Wort gehört sein. Paulus betont: «Also der Glaube kommt aus dem Hören durch das Wort Christi» (Römer 10, 17). Bekanntlich übersetzten Luther und auch die Zürcher Bibel: «So kommt der Glaube aus der Predigt...» Der Prediger hat demnach nicht Selbstdarstellung zu treiben, sondern zunächst selber zu hören, um dann dem Wort Gottes zu dienen. Deshalb nennt man ihn noch heute da und dort Verbi Divini Minister – des göttlichen Wortes Diener. Gewiss, so bekundeten zudem die Reformatoren: Alle Christen stehen unmittelbar vor Gott.

Dem Pfarrer kommt da nicht eine spezielle Vermittlerrolle zu, er hat lediglich innerhalb der Gemeinde sein erlerntes Handwerk als Prädikant auszuüben. Dabei geht es auch und gerade in der Wortauslegung um den Abbau von Ängsten und den Aufbau von Vertrauen. Hierzu reimte der Choraldichter Philipp Spitta: «In dem rasenden Getümmel, schenk uns Glaubensheiterkeit.»
Seit über drei Jahrzehnten fasziniert mich das Handwerk des Prädikanten. Mit der Frage «Wie machen Sie eine Predigt?» nach deren Werkzeugen befragt, antworte ich mehr oder weniger zunftgemäss: «Bibel und theologische Fachliteratur aus Vergangenheit und Gegenwart, Gespräche bei Hausbesuchen, unter Freunden, in der Familie, im Religionsunterricht und an Dorffesten, manchmal auch Bücher der Belletristik, Theater- und Konzerterlebnisse, das Lesen von Tageszeitungen, Beobachtungen in der Natur, das Anschauen von Bildern und immer wieder ein Hören, Tasten, Schmecken und Schauen.»
Dieser Predigtband entstand auf Anregung aus unserer Evangelischen Kirchgemeinde Tamins und ihrer Diasporagemeinden Bonaduz, Rhäzüns und Reichenau-Station, deren Pfarrer ich heuer seit zwanzig Jahren bin. Ihnen ist dieses Buch dankbar und von Herzen gewidmet. Auch erfreut mich, dass der Verlag Merker im Effingerhof diesen Band in seiner Reihe Evangelische Schriften herausgibt.

Tamins in Graubünden, am 4. März 1993

Peter Niederstein

Was trägt uns eigentlich?

Bergpredigt in Kunkels ob Tamins am 26. Juli 1992 und in der Baptist Church in Rüschlikon am 30. August 1992 über Matthäus 17, 20

Liebe Gemeinde!
Was trägt uns Menschen eigentlich? Diese immer wieder bewegende Frage möchte ich heute aufnehmen. Gleich eingangs nenne ich Geschautes, das uns zum Gleichnis werden könnte: Wir sitzen im Zirkus, recken unsere Hälse und bewundern die Arbeit der Trapezkünstler oben in der Kuppel. Was sie leisten ist stark. Dabei sind sie getragen von ihrer Begabung, von ihrem Willen, von ihrem Training, von ihrem Mut. Wenn dann doch einer mal einen Fehlgriff tut und abstürzt, wird er unten aufgefangen und getragen von dem weit ausgespannten Netz. So sind sie oben, wenn sie stark sind, und unten, wenn sie der Hilfe bedürfen, behütet.
Dieses uns vertraute Bild deute ich als gleichnishafte Antwort auf eben die Frage: Was trägt uns Menschen eigentlich? Es ist zunächst das Vertrauen in das, was uns stark macht: Begabung, Wille, Übung, Mut. Und erst wenn uns Schwäche befällt, tut uns Hilfe wohl.
Vielleicht denkt jetzt die eine oder der andere: Wieso gehört denn das in eine Predigt, die es doch mit Gott zu tun haben soll? Sehr wohl, will ich antworten: Denn Gott möchte bereits begriffen sein, wenn wir uns über das hohe Seil bewe-

gen, und nicht erst dann, wenn wir abstürzen. Nicht erst an den Grenzen unserer Möglichkeiten, sondern mitten im Leben muss Gott erkannt werden; im Leben und nicht erst im Sterben, in Gesundheit und Kraft, und nicht erst im Leiden, im Handeln und nicht erst in der Sünde will Gott erkannt werden.

Der Grund dafür liegt in der Offenbarung Gottes in Jesus Christus. Aber *die* Religion, die sich von Jesus Christus entfernt, wird zu einer Art geistlicher Apotheke für Nöte, Rätsel und Fragen. Zudem weisen *dann* wir Prediger den Hörerinnen und Hörern ihre Hilfsbedürftigkeit nach, um ihnen schliesslich die angemessene Dosis an Heilmitteln auszuteilen. Gott, wie er uns in Jesus Christus nahe kommt, ist aber kein Lückenbüsser, sondern die Mitte des Lebens.

Übrigens: *So* hat es Dietrich Bonhoeffer aus dem Gefängnis heraus bekannt, in das die Nazischergen ihn gesperrt hatten. Dazu schildert er folgendes Erlebnis in einem Brief vom 30. Januar 1944: «Als wir gestern abend – bei einem Bombenangriff – wieder auf dem Fussboden lagen und einer vernehmlich: ‹Ach Gott, ach Gott!› rief – sonst ein sehr leichtfertiger Geselle – brachte ich es nicht über mich, ihn irgendwie christlich zu ermutigen und zu trösten, sondern ich weiss, dass ich nach der Uhr sah und nur sagte: es dauert höchstens noch zehn Minuten. Das geschah nicht mit Überlegung, sondern von selbst und wohl aus dem Gefühl heraus, diesen Augenblick nicht zu religiösen Erpressungen benutzen zu dürfen.»

Ich komme auf die Eingangsfrage zurück: Was trägt uns Menschen eigentlich? Die erste Antwort war der Verweis auf das, was uns stark macht, und in dem Gott gegenwärtig ist. Bereits Genanntes will ich ausweiten. Stark sind wir in unseren fünf Sinnen, wenn wir Schönes hören, sehen, riechen, schmecken, tasten. Auch sind einige begabt mit dem sechsten Sinn, mit dem man etwas richtig einzuschätzen oder vorauszuahnen vermag. Zur Stärke des Sehens vermerkt Goethe: «Wär nicht das Auge sonnenhaft, die Sonne könnt es nie erblicken.»

Stark sind wir weiter in der Neugier nach dem, was sich denn weiter zwischen Erde und Himmel, auch zwischen Du und Ich, zutragen wird. Nach meiner Beobachtung werden neugierige Menschen, selbst wenn sie in ein hohes Alter kommen, nie alt. Sie bleiben neugierig wie Kinder. Es scheint, als würde sich an ihnen die Verheissung Jesu erfüllen: «Wer das Reich Gottes nicht so annimmt, wie ein Kind, der wird nicht hineinkommen» (Markus 10, 15). Die negative Formulierung beinhaltet, damaliger Sprachweise entsprechend, die positive: «Wer das Reich Gottes so annimmt, wie ein Kind, der kommt hinein.»

Sodann sind wir stark durch die Sternstunden unseres Lebens, wo uns Glück und Wonne fast zersprengen. Ferner: Nicht immer, aber doch manchmal, haben wir einen starken Willen. In den Evangelien fällt auf, wie Jesus wiederholt, wenn er auf Menschen mit starkem Willen nach Heilung traf, diesen gleichsam nochmals bestärkte. Als etwa der Hauptmann von Kapernaum Jesus um die Heilung seines Dieners bat, sagt Jesus am Schluss zu dem Hauptmann: «Geh! Es soll geschehen, wie du geglaubt hast» (Matthäus 8,13). Das beinhaltet doch wohl auch: Es geschehe, wie du willst. Es geschah dir dein Wille. Dem korrespondiert dann, aber erst dann, die Bitte im Unser Vater Jesu: «Herr dein Wille geschehe», wie eben auch Widerstand und Ergebung miteinander in Beziehung stehen. Nur, und die Betonung liegt auf *nur*, Gottes Wille geschehe, würde dem Bundesgedanken Gottes, der Suche nach Partnerschaft, wie sie die ganze Bibel bezeugt, widersprechen. Dieses «nur» würde dann heissen: Du brauchst mir nur zu sagen, wie «erhaben» dein Gott für dich ist, dann werde ich dir sagen, wie gleichgültig er dir ist.

Schliesslich: Stark sind wir im Danken. Stark, weil uns nichts, aber auch gar nichts selbstverständlich ist. Starke Menschen danken! Danken den Menschen, die heute hier in Kunkels die Bergpredigt miteinander teilen. Und danken dem lieben Gott, der uns dieses Erleben schenkt. Nicht von ungefähr singen wir in diesem Gottesdienst die bekannten Dankchoräle gleichsam als Echo für die Stärke, die im Dank liegt.

Dankbar sind wir auch, dass uns die Erde trägt. Es gibt wohl keinen Gottesdienst im Jahresrhythmus unserer Kirchgemeinde, in dem das so spürbar wird, wie an der Kunkelser Bergpredigt. Wir sitzen oder stehen da auf der Erde, und sie trägt uns. Doch als im vergangenen November für unsere Region relativ heftig die Erde bebte, begleitet von lautem bedrohlichem Getöse, da erschraken wir. Wir kamen mit unserem Schrecken noch glimpflich davon – etwa im Vergleich zu dem Erdbeben vom 13. März dieses Jahres in der Türkei. An unserer Kirchgemeindeversammlung vom 26. Mai hat uns davon Elias Kalt, dokumentiert mit eindrücklichen Dias, berichtet. Unser Kirchgemeindepräsident Matthias Hunger vermerkte dazu in unserem Nachrichtenblatt: «Die dabei gemachten persönlichen Erfahrungen und der harte Einsatz mit seinem eigenen Katastrophenhund haben alle Teilnehmer beeindruckt und nachdenklich gestimmt.»

Habe ich bewusst in dieser Predigt den Akzent auf das gelegt, was uns stark macht und in dem uns Gott gegenwärtig ist, weil eben dieser Akzent heute oft zu kurz kommt oder gar verdrängt wird, so wird uns eben jetzt doch schlussendlich die Frage bewegen müssen: Was trägt uns Menschen eigentlich, wenn die Erde bebt und wir abstürzen?

Zunächst die eine Realität: Erdbeben und andere Naturkatastrophen sowie Kriege und Unfälle, etwa auf unseren Strassen, machen uns bewusst: Vor dem Tod, gleich in welcher Gestalt er auf uns zukommt, gibt es letztlich keine Rettung.

Zur Realität dieser äusseren Natur kommt die innere Natur der seelischen Abstürze. Sie ist genauso grausam. «Und doch ist Einer, welcher dieses Fallen unendlich sanft in seinen Händen hält», bekennt Rainer Maria Rilke. Es ist das Netz, von dem ich im Bild anfangs sprach. Auch eine Realität. Es ist das Wunder einer Begegnung mit Jesus Christus, dem Gott neben uns, die trägt über die Endlichkeit hinweg in das Unendliche.

Zu diesem Netz gehört schliesslich wiederum das Gebet, jetzt der Ruf aus der Tiefe. Wir alle kennen – bemerkt Eugen Drewermann – die Gebete ohne Hoffnung, weil man sich nicht mehr vorstellen kann, wie eine Rettung aussehen sollte. Und «man betet um nichts, und doch betet man um alles, und man erbittet keine Hilfe, und doch fleht man ganz inständig um eine Rettung». Obwohl man sich dabei höchst unglücklich fühlt, «besitzt man irgendwie dennoch, indem man einfach weiter betet, jene völlig widersinnige Geduld, die einfach weitermacht, und jene paradoxe, grundlose Festigkeit, die ohne Stütze ist und uns doch selber hält und trägt».

Das lässt mich schlussendlich ein Gleichniswort Jesu nennen, welches ich mit der heutigen Bergpredigt auszulegen versuchte auf die Frage hin: Was trägt uns Menschen eigentlich? In der ihm eigenen Bildsprache antwortet Jesus in Matthäus 17, Vers 20 so: «Wenn euer Glaube auch nur so gross ist wie ein Senfkorn, dann werdet ihr zu diesem Berg sagen: Rück von hier nach dort! Und er wird wegrücken.»

Amen!

Für die Kultur des dialogischen Streits unter Christen

Karfreitagspredigt in Tamins am 17. April 1992 über Markus 3, 1–6

Liebe Gemeinde!
Aus unserer Region schrieb mir jemand einen langen Brief. Darin heisst es gleich im ersten Satz: «Und ich weinte.» Der Schlussabschnitt fasst die Begründung zusammen: «Versuch mich in meiner Wut zu verstehen.» Dazu der letzte Satz: «Ein feste Burg ist unser Gott, aber ich glaub' bald, er ist eingesperrt darin.»
Das Bild vom Eingesperrtsein Gottes trifft den Karfreitag. Der ereignet sich heute nicht nur aber auch – so grotesk sich das ausnimmt – mitten in der Christenheit. Einmal mehr errichten – bildlich gesprochen – Christen in geographischer Ferne und in geographischer Nähe Kreuze, Marterpfähle, an denen Mitchristen körperlich oder seelisch verbluten. Ich nenne bekannte Beispiele:
Nordirland ist ein solches Kreuz, da Protestanten und Katholiken sich seit Jahrzehnten mit Terroranschlägen erbittert bekämpfen. Ein weiteres Kreuz ist der Krieg zwischen den vorwiegend orthodoxen Christen Serbiens und den vorwiegend römisch-katholischen Christen Kroatiens. Gewiss spielen in den beiden genannten Fällen alte politische Konflikte eine wesentliche Rolle. Aber ebenso deutlich ist doch auch, dass hier,

von Ausnahmen abgesehen, Christen gegen Christen gewalttätig vorgehen.

Bei uns in der Schweiz sind es Anschläge auf Asylantenheime. Ich erinnere mich der traurigen Augen einer christlichen Tamilin, die zu fragen schienen: Wie kommt es dazu in einer christlichen Schweiz? Sodann: In den weithin christlich frommen USA steigt die Zahl von Gruppen, die sich die Verfolgung von Menschen anderer Hautfarbe oder von Homosexuellen zum Ziel gesetzt haben. Wie die private Juristen-Organisation «Klanwatch» mitteilte, stieg die Zahl der sogenannten Hassgruppen im vergangenen Jahr von 273 auf 346.

Wie steht es damit im Kleinstaat Schweiz, der sich zudem noch im Symbol des Kreuzes, des weissen Kreuzes auf rotem Hintergrund, ein Bekenntnis der Christusnachfolge, wiederfinden möchte? Henry Dunant wusste darum, wenn es ihn dazu inspirierte, die christliche Samariterfunktion im roten Kreuz auf weissem Hintergrund auszudrücken.

Dennoch werden im Land des «Weissen Kreuzes» und im Geburtsland des «Roten Kreuzes» Menschen massiv bedroht, wenn sie sich mit ihrer persönlichen, unangepassten Überzeugung exponieren. Ich weiss das etwa von einigen katholischen und evangelischen Sprechern des «Worts zum Sonntag» im Fernsehen DRS, darunter gerade auch von Frauen. Gewiss, manches «Wort zum Sonntag» mag diesen oder jenen Christen zum Widerspruch reizen. Das tut es mich verschiedentlich auch; es gehört zur Freiheit eines Chri-

stenmenschen. Aber massive Bedrohungen, seien sie körperlicher oder seelischer Art, kreuzigen eben die Freiheit.
Zudem haben kürzlich in einer sich spontan zusammengefundenen Gesprächsrunde Christenmenschen aus unserer Region geäussert: Weil wir fürs Gemeinwohl persönliches Glauben und Leben riskieren, setzen wir uns solchen Bedrohungen aus, dass wir die Polizei einschalten müssen. Dieser Situation entstammt der anfangs genannte «Tränenbrief».
Was ich bislang erzählte, deckt ein Manko in unserer Christenheit auf. Es ist der Mut zum dialogischen Streit, zum Streit miteinander und nicht zum Streit gegeneinander, zum Streit, der Widerspruch erträgt, anstatt dem Widersprechenden die Christenwürde zu nehmen.
Das lässt mich nochmals berichten: Viermal im Jahr veranstalten die Informationsbeauftragten der Schweizerischen Bischofskonferenz und des Schweizerischen Evangelischen Kirchenbundes eine Pressekonferenz in Zürich. Mir fiel auf, dass unter den evangelischen Medienvertretern jeweils ein paar fehlten. Ich fragte einmal nach dem Beweggrund. Zur Antwort erhielt ich: «Obwohl eingeladen, wollen sie sich nicht mit Katholiken an einen Tisch setzen.» Sodann: Am 20. und 21. März 1992 fand in Bern eine ökumenische Tagung zum Thema «Evangelisierung in der Schweiz» statt, an der ich für den Bündner Kirchenboten teilnahm. Der Referenten, jeweils zu verschiedenen Gesichtspunkten, waren viele. Einer von ihnen war der Präsident des Päpstlichen

Rates für Kultur, Kardinal Paul Poupard. Als dann alt Nationalrat Richard Bäumlin, ich sehe ihn vor mir, wie er gleichsam bewegt und sich laufend entschuldigend, er spreche als Privatmann, scharfe Kritik am Europabild des Papstes und dessen Verständnis der Neuevangelisierung übte, wich Kardinal Poupard der nachfolgenden Diskussion aus und verliess mit dem Nuntius, Erzbischof Edoardo Rovida, sowie mit dem Präsidenten der Schweizer Bischofskonferenz, Pierre Mamie, den Saal. Der Chefredaktor für «Forum» – «Pfarrblatt der katholischen Kirche im Kanton Zürich» –, Georg Rimann, kommentierte den Vorfall in der Ausgabe vom 5. April 1992 so: «Klassischer hätte existenzbezogene Dialogunfähigkeit kaum illustriert werden können.» Dem Sinn verwandt plädierte ich in einem Votum vor den Teilnehmern dieser Berner Tagung: «Zur Zeit, da die Polarisierungen weltweit und hautnah ins Kraut schiessen, gehört zur Evangelisierung der Schweiz auch die glaubwürdige Pflege der Kultur des Streits. Wenn Christen miteinander streiten und nicht voreinander davonlaufen, sondern am runden Tisch bleiben, so ist das ein überzeugender Beitrag zum Frieden in der Welt. Streit soll ja nachdenklich machen und nicht zum körperlichen oder seelischen Totschlag des Widersprechenden führen.»
Es sollte denn uns Christen recht eigentlich die Kultur des dialogischen Streits geradezu ein Herzensanliegen sein, und wir müssten hierin besonders geübt sein, zumal Jesus Christus, auf den sich alle christlichen Kirchen als ihren Ursprung

berufen, selber in ausgeprägter Weise das Streitgespräch geführt hat. Da entspricht gerade die Frageform als typische Form des Gegenarguments einem vorgebrachten Vorwurf.

So lese ich uns als Text ein solches Streitgespräch Jesu auf dem Hintergrund des bislang Gesagten aus dem Markus-Evangelium, Kapitel 3, Verse 1-5: «Abermals betrat er die Synagoge. Und es war dort jemand – ausgedorrt an der Hand. Da bespitzelten sie ihn, ob er am Sabbat ihn heile, um ihn verklagen zu können. Da sagt er dem Mann mit der vertrockneten Hand: Steh auf! In die Mitte! Und er sagt ihnen: Ist erlaubt am Sabbat Gutestun oder Böswirken, Lebenretten oder Töten? Sie aber schweigen. Da blickt er sie rundherum an, voll Zorn, von Trauer erfüllt ob ihrer Herzensstarre, und sagt dem Mann: Strecke die Hand aus! Und er streckte sie aus, und wiederhergestellt ward seine Hand.»

Was hat das mit dem Karfreitag zu tun? Dies besagt der Nachsatz in Vers 6: «Und hinausgingen die Pharisäer und suchten gleich mit den Herodianern einen Beschluss zu fassen gegen ihn, wie sie ihn vernichten könnten.» Ich will versuchen, dieses Streitgespräch für uns, von Eugen Drewermanns Markus-Kommentar her, dem ich auch die Übersetzung entnahm, auszulegen. Dann auch möge uns dieses unter die Haut gehen: Die Verweigerung, sich auf einen Streit einzulassen, führt wörtlich wie bildlich zur Brutalität der Kreuzigung.

Jede religiöse wie nationale Gemeinschaft bedarf der Pflege dessen, was sie zusammenhält und ihr

Identität gibt. Zur Zeit Jesu war gerade das Sabbatgebot zu dem eigentlichen Unterscheidungsmerkmal zwischen Juden und Nichtjuden geworden. Für Jesus war das normal. Er ging am Sabbat, wie seine jüdischen Mitbürger, in die Synagoge. Doch es empörte und erzürnte ihn, wenn er die Trennung von Verordnungen und Verständnis, von Gesetz und Güte, von Recht und Barmherzigkeit mitansehen musste.

Ausdrücklich stellt daher Jesus in der Synagoge den Mann mit der verdorrten Hand in die Mitte aller Anwesenden. Jeder soll selber sehen und urteilen. Wenn jemand ernsthaft mit Berufung auf die Sabbatordnung wünschen kann, dass ein solcher Mensch auch nur einen Tag länger leidet als nötig, was hat er dann verstanden von dem Sinn des Ruhetages Gottes beim Anblick seiner vollendeten Schöpfung? Hätte Gott an seinem Sabbat, jenem siebten Tag nach der Weltschaffung, wirklich in Ruhe zugeschaut, wenn ein Mensch leidet?

Übrigens: Wir brauchen heute und hier nur irgendeine tabuisierte, unberührbare Gesetzesbestimmung, und alsbald werden wir merken, wie leicht es ist, aus Gewohnheit, Denkfaulheit und Angst allen möglichen undiskutierbaren Fixierungen aufzusitzen. Denn jeweils geht es um den Gegensatz zwischen offenkundiger menschlicher Not und der Abstraktheit gewisser moralischer oder rechtlicher Bestimmungen. Hierzu ein Beispiel aus einem Schweizer Spital: Da ist die Not der nach Gesprächen dürstenden Kranken, und da ist die Verordnung für das Pflegeper-

sonal, nicht länger als drei Minuten mit den Patienten zu reden.
Jesus drängte es dahin, das Interesse der Notleidenden zu vertreten, Leben zu erretten aus seiner Grundüberzeugung: Nämlich, dass Gott vorbehaltlos nur gut und gütig, nur vergebend und grenzenlos barmherzig sei. Immer wenn man ihn attakierte und in die Enge zu treiben versuchte, berief er sich vorbehaltlos auf das Vertrauen zu Gott, mit dem er seinen Jüngern und Jüngerinnen verhalf – und uns heute verhilft – das Unser Vater zu beten.
Freiheit: wer so glaubt und handelt, lebt jederzeit gefährlich. Kaum geschehen, steht der Todesbeschluss gegen Jesus fest – der ganze Rest des Markus-Evangeliums beschreibt die Konsequenz dieses Ansatzes. So eng verbunden sind in diesem Evangelium – und in der Welt, in der wir leben – die Wohltaten der «nahenden Gottesherrschaft» mit den Formen der Verfolgung und der Verdunklung einer möglichen Genesung des Menschen von der Krankheit seiner Angst.
Ich glaube, Gott selbst leidet wegen dieser Verdunklung. «Die Sonne verdunkelte sich», heisst es beim Evangelisten Lukas zur Sterbestunde des gekreuzigten Jesus Christus. Wenn ich das eingangs erwähnte Bild vom «eingemauerten Gott» nochmals aufnehme, so glaube ich, dass die Mauern, mit denen wir ihn umgeben, sich uns durch sein Leiden wieder öffnen.
Der unvergessene Dietrich Bonhoeffer fasste das in die bewegenden und auf den Weg bringenden Worte:

*«Menschen gehen zu Gott in seiner Not,
finden ihn arm, geschmäht, ohne Obdach und
Brot,
sehn ihn verschlungen von Sünde, Schwachheit
und Tod.
Christen stehen bei Gott in seinem Leiden.»*

Amen!

Taufe: «Merkwürden» statt «Hochwürden»

Osterpredigt in Tamins am 15. April 1990 und anlässlich der Tagung Arbeitsgemeinschaft Schweizer Pfarrer am 10. Juni 1990 in Stein am Rhein über Römer 6, 3-5

Liebe Gemeinde!
«La Strada» heisst ein Film von Federico Fellini. Da wird von einem bärenstarken Mann, Zampano genannt, erzählt. Der zieht durch die Dörfer und stellt seine Muskelkünste zur Schau. Begleitet wird er vom ganz zarten Mädchen Gelsomina, das dessen Auftreten ankündigt und die Trommel schlägt, wenn der Muskelprotz auftritt. Dieses Mädchen, das kaum allein mit sich fertig wird, geht an einem schönen Sommerabend, bedrückt von ihrem Minderwertigkeitskomplex, niedergeschlagen am Strand spazieren. Es bückt sich, hebt ein Steinchen auf, lässt es zwischen seinen Fingern rund gehen und sagt zu sich selbst: «Es ist eigentlich ein nichtssagendes Steinchen. Solche liegen viele herum. Und doch gibt es kein Steinchen wie dieses. Wo mag es herkommen? Wie lange wohl haben die Wogen schon an ihm geschliffen? Es hat eine ganz eigene Geschichte gehabt. Es hat auch einen ganz eigenen Platz. Es darf sein.» Und indem Gelsomina ihr Steinchen betrachtet, geht ihr plötzlich auf, wie es um sie selber steht: «Wenn schon dieses Steinchen eine Existenzberechtigung hat, dann ich erst recht. Auch ich habe einen eigenen Platz.

Ich brauche mich nicht verdrängen zu lassen. Auch ich habe etwas ganz Eigenes und Besonderes.» Und mit dem Steinchen in der Hand verlässt sie den Strand: mit einem aufrechten Gang und mit einem stärkeren Selbstvertrauen als zu Beginn ihres Spazierganges.

Das einfache Steinchen hat in Gelsomina die besten Lebenskräfte wachgerufen und ihr ein Selbstvertrauen geschenkt, das sie sogar neben dem bärenstarken Zampano bestehen lässt. Denn Gelsomina behandelt das Steinchen nicht wie eine Sache, die bloss zuhanden ist und deshalb wertlos. Vielmehr wurde ihr das Steinchen zum Symbol, das erschlossen werden muss und deshalb unendlich kostbar werden kann. Einem einzelnen Menschen wird ein einzelnes Steinchen zum Symbol der Befreiung vom Minderwertigkeitskomplex. Das bringt den einzelnen Menschen auch mit den anderen wieder zusammen, – bedeutet doch das griechische Wort Symbol, symbolon, das Zusammengefügte, die Vereinigung.

Was uns Christen miteinander vereinigt, ist das Symbol der Taufe. Es geht aus vom Element des Wassers und zwar des Wassers in seiner erfrischenden und reinigenden Wirkung. Wir kennen das. Ein Bad am Morgen tut wohl. Oder an einem gehetzten und verschwitzten Tag wirkt ein Bad erfrischend und reinigend. Oft kommt es dann über unsere Lippen: «Jetzt fühle ich mich wieder wie ein neuer Mensch!» Die Sprache hat Hintergrund, entstammt der Taufe. Die war ursprünglich auch ein Bad. Das Bad wurde Johannes dem

Täufer zum Symbol, – wie bei Gelsomina das Steinchen.
Johannes der Täufer, wir erinnern uns, spendete die Taufe in dem wilden Jordanfluss und damit in einem richtigen Bad durch Ein- und Untertauchen in die Wasser des Flusses. Auch Jesus liess sich von Johannes in den Wassern des Jordan taufen. In den Christengemeinden wurde dann mit der Zeit das wildfrische Taufwasser in eigene Taufkirchen, sogenannte Baptisterien, hineingezähmt.
So finden wir etwa unweit von Tamins auf Crap Sogn Barcazi bei Trin ausser den Überresten einer Wehranlage die Fundamente einer frühmittelalterlichen Kirche mit spezieller Taufkapelle, einem Baptisterium. Die Taufe blieb da noch ein wirkliches Bad. Später wurde sie zum Begiessen beziehungsweise zum Betupfen mit Wasser stilisiert. So ist das bis heute. Hat sich auch die Form der Taufe etwas gewandelt, so ist doch ihr Symbol über die Zeiten dasselbe. Das Taufsymbol bezeugt den Glauben, dass der alte Mensch, wie es Luther in seiner drastischen Sprache ausdrückt, ersäuft wird, und dass er als neuer Mensch wieder auftaucht, aufersteht. – Alt ist hier nicht der Gegensatz zu jung, sondern zu neu.
Die Bildsprache vom alten und neuen Menschen finden wir in den Briefen des Apostels Paulus besonders ausgeprägt. Was Paulus mit dem Bild vom alten Menschen ausdrücken will, das deute ich in der Sprache unserer Zeit so: Der alte Mensch ist der, der nicht zunächst Gott, sondern sich selbst die Ehre gibt. Der alte Mensch rühmt

sich selbst. So ist er unfrei, danke zu sagen, denn ich kann mir ja nicht selber danken. Und weiter: Der alte Mensch hat Angst. Wer ein Knecht der Angst ist, der knechtet auch andere Menschen. Die Tiefe aller Angst ist die Todesangst. Und die hat etwas mit Sünde zu tun.
Dazu sei hier eingefügt: Im Johannes-Evangelium Kapitel 5 wird die Heilung eines Lahmen am Teich Betesda erzählt. Dazu gehören die Worte Jesu in Vers 14: «Jetzt bist du gesund; sündige nicht mehr, damit dir nicht noch Schlimmeres zustösst.» Das ist einmal zeitlich verdichtende Redeweise. Zum anderen drückt sie aus, was Eugen Drewermann im ersten Band seines Werkes «Wort des Heils – Wort der Heilung» in die Worte fasst: «‹Sündige nicht› heisst zunächst nicht: Übertritt nicht dies und das Gebot, sondern: Verkomme nicht an Angst.»
Der alte Mensch ist also der, der sich selbst wichtiger nimmt als seinen Schöpfer. Er kann nicht danken. Er hat Angst und verbreitet Angst. Er ist der selbstverschuldet unfreie Mensch. Der wird in der Taufe «ersäuft», stirbt ab, und er taucht auf, wird erweckt zu einem ganz anderen, neuen Leben in der Freiheit der Kinder Gottes. Er wird im Glauben ein neuer Mensch. Ihn packt der Glaube: Gott selbst erlöst uns von allen Sünden, von all dem, was uns selbstverschuldet knechtet und lähmt. Das bezeugt der Apostel Paulus in seinem Römerbrief Kapitel 6 den Versen 3 bis 5, dem Text dieser Predigt. Und der lautet:
«Wisst ihr denn nicht, dass wir alle, die wir auf Christus Jesus getauft wurden, auf seinen Tod ge-

tauft worden sind? Wir wurden mit ihm begraben durch die Taufe auf den Tod; und wie Christus durch die Herrlichkeit des Vaters von den Toten auferweckt wurde, so sollen auch wir als neue Menschen leben. Wenn wir nämlich ihm gleichgeworden sind in seinem Tod, dann werden wir mit ihm auch in seiner Auferstehung vereinigt sein.»

Was war die Ursache dieses Todes? Das Einstehen Jesu Christi für die volle Würde jedes menschlichen Geschöpfes vor Gott, sein Ruf zur Freiheit, brachte ihn ans Kreuz. Die Torheit, das Ärgernis bleibt: Es gibt auf dieser Erde keine Freiheit ohne Leiden, und, im Extremfall, nicht ohne Tod. Nicht nur doch auch unser Jahrhundert weiss bis in die jüngsten politischen Ereignisse hinein ein Lied davon zu singen.

Ich nehme die Aussage des Predigttextes wieder auf: Wir sind auf Christi Tod getauft. Mit ihm, dem Gottessohn, der selbst in diese dunklen Wasser getaucht und begraben wurde, sind wir in solidarische Gemeinschaft gerufen.

Das hat Folgen. Ich sage das heute einmal so: Wer mit Christus an all dem leidet, was uns versklavt, was unsere Beziehung zwischen Gott, den Mitmenschen und den anderen Geschöpfen kaputt macht, und der Name hierfür heisst Tod, der wird auch anderes erleben. Das eine bekundet uns das Kreuz Jesu Christi: Es gibt keine Freiheit ohne Leiden. Paulus nennt es: Wir sind auf seinen Tod getauft. Das andere bekundet uns die Auferstehung Jesu Christi: Es gibt auch keine Freiheit ohne Freude, ohne Lebensfreude. Die

Auferstehungsfreude fasst Paulus in die Worte: «Wenn wir nämlich ihm – Christus – gleichgeworden sind in seinem Tod, dann werden wir mit ihm auch in seiner Auferstehung vereinigt sein.» Wiederum in solidarischer Gemeinschaft mit Christus wird nun hier die Erfrischung durch das Bad der Taufe in der Auferstehung, die stärker ist als Tod und Grab, bezeugt. Sie hat auf dieser Erde bereits begonnen und wird sich dereinst in Ewigkeit erfüllen.

Übrigens, und das zum Schluss: Die in der Taufe geschenkte Wandlung des alten zum neuen Menschen beinhaltet ursprünglich zugleich die Wandlung der alten Gesellschaft in die neue Gesellschaft der Christen. Die ist gerade nicht «mit allen Wassern gewaschen», sondern die lässt sich nur waschen mit dem einen Wasser der Solidarität, des Friedens, der Gerechtigkeit und der Freiheit.

So dürfte es eigentlich in der Kirche auch keine «Hochwürden» mehr geben, sondern nur «Merkwürden», eben solche, die sich die Würde der anderen merken – gleich welchen Standes, gleich welcher Rasse, auch ob Sesshafte oder Fahrende, ob Einheimische oder Fremde oder Asylanten. In der Kirche gibt es nur eine fundamentale Taufwürde. Darin liegt zugleich unsere Verpflichtung, die Würde aller Menschen glaubhaft zu machen. Das kann ja heiter werden. *Amen!*

PS: Wesentliche Anregungen zu dieser Predigt verdanke ich Kurt Koch's Buch «Erfahrungen der Zärtlichkeit Gottes», Benziger Verlag, Zürich 1990.

Die absurde Angst vor der Freiheit

Konfirmationspredigt in Tamins am Palmsonntag, 12. April 1992 über 2. Mose 20, 2 und Josua 1, 11

Liebe Konfirmandinnen und Konfirmanden
Liebe Eltern und Paten
Liebe Gemeinde!
Zwanglos sass eine Anzahl Menschen, vorwiegend mittleren Alters, beisammen. Es ereignete sich eine Gesprächsrunde. Das Thema «Freiheit» kam auf. Es stach mich, zumal wir im Präparanden- und Konfirmanden-Unterricht immer wieder mal auf jene Bewegung zu sprechen kamen, die das Wort Freiheit wiedergeben soll. Hinzu gesellte sich in gemeinsamer Aussprache der Wunsch, liebe Konfirmandinnen und Konfirmanden, die Predigt an eurem heutigen Konfirmationstag möge gleichsam die Freiheitsglocke läuten, – für euch und uns alle als christliche Gemeinde.

Nun eben, in jener Gesprächsrunde erzählte ich davon. Und da aller Anfang schwer ist, auch der einer Predigt, erlaubte ich mir die Frage: «Womit soll ich eben diese Konfirmationspredigt beginnen?» Die Antwort kam spontan, laut und klar von einer Frau aus der ehemaligen DDR. In ihrer Antwort schwang eigenes Erleben von damals mehr vordergründiger und heute mehr hintergründiger Unfreiheit mit, als sie ausrief: «Mit Feigheit wird der Himmel nicht erstürmt.»

Das klingt wie Peitschenknall, aber nicht um weh zu tun, sondern um aufzujucken. «Wen es juckt, der kratze sich.» Diesen Spruch Wilhelm Busch's hat mir meine Grossmutter als Symbol der Freiheit eingeprägt. Ihrem aufjuckenden Satz fügte dann jene Sprecherin aus Ostdeutschland leise hinzu: «Am Fusse des Leuchtturms ist es dunkel.»

Dieses Dunkel am Fusse des Leuchtturms hat der tschechoslowakische Dichter und Staatspräsident Vaclav Havel anlässlich der Eröffnung der Salzburger Festspiele 1990 «Die absurde Angst vor der Freiheit» genannt. Dazu sagte er: «Ich treffe relativ häufig nicht nur in der Tschechoslowakei, sondern auch in den übrigen Ländern Mittel- und Osteuropas, die sich von totalitären Systemen befreit haben, auf verschiedene Varianten dieser Angst und dieses Gefühls der Leere. Die Menschen haben in diesen Ländern die ersehnte Freiheit hart erkämpft. Doch in dem Augenblick, in dem sie sie gewonnen haben, ist ihnen, als ob sie auf einmal überrascht seien. Sie waren ihr in einem Masse entwöhnt, dass sie plötzlich nicht wissen, was sie mit ihr anfangen sollen. Sie fürchten sie. Sie wissen nicht, womit sie sie füllen sollen.»

In unseren Schweizer Verhältnissen stellt sich gleichsam die Rückfrage: Wir sind der Freiheit gewöhnt, aber wissen wir auch noch, womit wir sie füllen sollen? Und als Protestanten haben wir uns über die Staatsgrenzen hinaus zu fragen: Ist unsere Freiheit zur Einbildung erstarrt? – Ich frage das nicht als Konfessionalist, sondern als engagierter Oekumenischer, als Brückenbauer. Nun, vielleicht beschäftigte uns auch deshalb im Unterricht verschiedentlich das Anliegen der Freiheit.

Ich möchte daran erinnern: Da teilte ich vor zwei Monaten leere Blätter aus. Murren und Knurren war das Echo, sowohl bei den Präparanden wie bei den Konfirmanden. Begreiflich! Drei Fragen wurden gestellt: 1. Was sagt uns die Bibel über Freiheit? – 2. Welche Freiheiten haben wir in der Schweiz und was schätzen wir daran? – 3. Beispiele von Unfreiheit einzelner Menschen, Gruppen und auch Völkern?

Dann aber habe ich gestaunt, wie still es im Schulzimmer wurde und manche sogar über die Zeit hinaus schrieben. Ich gebe jetzt eine kleine Auswahl der Antworten wieder:

Zu *Bibel und Freiheit:* «Ich finde, dass die Bibel, obwohl sie schon so alt ist, immer noch neu wie vor einigen Jahren ist.» «Die Bibel schildert die Freiheit; sie ist als Symbol der Freiheit entstanden. Ihre Geschichten enden alle mit der Freiheit, zum Beispiel der Auszug Israels aus Ägypten.»

Hier füge ich ein: Wir hatten zuvor mehrmals die Zehn Gebote bedacht. Über ihnen steht das Freiheitsbekenntnis, der erste Text dieser Predigt: «Ich bin der Herr, dein Gott! Ich habe dich aus Ägypten herausgeführt, ich habe dich aus der Sklaverei befreit» (2. Mose 20, 2). So sind denn die Zehn Gebote eine Auslegung der Freiheit von Gott her. Alles Drohende und Angstmachende liegt ihnen fern. Hierfür bezeichnend ist auch, dass die übliche deutsche Form «du sollst» vom hebräischen Urtext her mit dem unbedingten und zugleich werbenden «du wirst» wiederzugeben ist.

So heisst, um ein Beispiel zu nennen, das 8. Gebot: «Du wirst nicht stehlen.» Gemeint ist hier wie der in diesem Jahrhundert Epoche machende Alttestamentler Albrecht Alt herausfand: «Du wirst niemand seiner Freiheit berauben.» Im 10. Gebot geht es dann um das, was wir gemeinhin mit Diebstahl bezeichnen: «Du wirst nicht an dich bringen zu suchen, was einem anderen gehört.» Insgesamt bekunden die Zehn Gebote die Beziehung in Freiheit zwischen Gott und Mensch und Mensch und Mitmensch. Da spiegelt sich die Würde des Menschen in der Würde Gottes. Einer aus dem Kreis der Präparanden und Konfirmanden ergänzt: «somit auch der Tiere.»

Es geht um Leben, Partnerschaft, Freiheit und in allem um Würde. Es geht nicht nur um Menschenrechte, sondern von Gott her um Menschenwürde. Und die begegnet uns hautnah in dem Gottes- und Menschensohn Jesus Christus. Dazu heisst es in den Schülerantworten: «Jesus lebte in Freiheit. Er war an nichts gebunden, weder an Geld noch an sonstige materielle Dinge.» – «Er gab den Menschen auch die Freiheit.» – «Jesus wurde ein paarmal seiner Freiheit beraubt, später wurde er sogar ermordet.» – «In der Bergpredigt spricht er von Freiheit.»

Die biblische Ermutigung zur Freiheit bekennt Martin Luther in seiner Schrift «Von der Freiheit eines Christenmenschen» mit den Worten: «Ein

Christenmensch ist ein freier Herr über alle Dinge und niemand untertan. Ein Christenmensch ist ein dienstbarer Knecht aller Dinge und jedermann untertan.» Verantwortung nennen wir das heute.

Weiter zitiere ich zur *Freiheit in der Schweiz:* «Wir dürfen wählen, reisen, sagen was wir wollen. Ohne Freiheiten käme es irgendwann zu einem Bürgerkrieg. Jeder normale Mensch strebt nach Freiheit. Der Freiheit sind Grenzen gesetzt.» – «Wir dürfen auch in der Kirche beten, aber wir müssen nicht.» – «Wir können auch Kleider anziehen, die uns passen.» – «Das Gefühl, Freiheit zu haben, ist wunderbar.» – «Wir haben nie leere Gestelle in den Läden.»

Schliesslich *Beobachtungen zur Unfreiheit,* wiederum wörtlich: «Ein Mensch kann auch in seinen Gedanken frei sein, aber nicht immer in seinen Gefühlen.» – «Wenn jemand Macht ausübt, so ist das meistens auf Kosten der Freiheit anderer.» – «Ich denke hier vor allem an Flüchtlinge, die keine Freiheit finden.» – «Es gibt Aussenseiter, die nicht aufgenommen werden.» – «Politiker müssen immer diplomatisch diskutieren, was leider teilweise zu extrem verzögerten Entscheidungen führt. Das führt zu Extremparteien, die auf Schlagzeilen und nicht auf politische Lösungen bedacht sind.» – «Wenn man im Freundeskreis nicht reden kann, was man will, so ist das für mich Unfreiheit.» – «Unfreiheit gibt es auch bei einem einzelnen Menschen, der von einem Anderen bedroht wird.» «In einer Sekte werden Menschen auch unterdrückt, sie müssen immer

das machen, was ihr ‹Guru› sagt. – Man kann sich da meistens nicht mehr aus eigener Kraft befreien.»
Das Blatt, das ich damals austeilte, war ja zunächst leer und frei. Frei waren auch die Antworten, zumal ich bat, keine Namen darauf zu schreiben. Das lässt mich persönlich frank und frei das letzte genannte Votum aufgreifen und das Thema «Sekten» betreffend ergänzen: In letzter Zeit werde ich vermehrt gefragt, was ich unter Sekten verstehe. Darauf meine Antwort: Sekten sind für mich Gruppierungen, sei es in unseren Landeskirchen oder in Freikirchen oder sonstwo, die die Geissel von Höllenängsten schwingen, um Macht auszuüben. Mit unendlich vielen Christinnen und Christen glaube ich, dass uns der Gottessohn Jesus Christus von allen Höllenängsten befreit, um uns den Himmelsfreuden des Vertrauens zuzuführen. Nicht umsonst heisst es der Tendenz nach im Gleichnis Jesu vom verlorenen Sohn: «Komm und sei mit uns vergnügt.»
Damit aber haben Sekten nichts am Hut. Am Hut aber, um im Bild zu bleiben, haben unsere Konfirmandinnen und Konfirmanden die Freiheit vor Gott in Verantwortung. Und als ihr Pfarrer hoffe ich, sie hierzu ermutigt zu haben. Jedenfalls war Widerspruch immer am Platz, und er wurde auch ausgekostet.
So erweist sich dann Freiheit als ein Weg, ja als der Lebensweg, von dem die alten Bilder der Bibel immer neu reden. Darunter sind markant: Der Auszug aus Ägypten, die Befreiung vom Sklavendasein, dann das Umherirren in der Wüste

voller Ängste und schliesslich der Einzug ins Land Kanaan, da Milch und Honig, die Ströme des Vertrauens, fliessen – gleichsam wie an der Mutterbrust.
Das fand jene Gruppe von Konfirmanden heraus, die den zweiten Text als Ziel für die heutige Predigt in der Bibel zu suchen hatte. Sie wählte eine Geschichte aus dem ersten Kapitel des Josua-Buches. Darin heisst es, wie Josua überall im Volk bekannt machen liess: «In drei Tagen werden wir den Jordan überschreiten und das Land in Besitz nehmen, das uns der Herr geben will» (Josua 1,11). Auf meine zunächst verdutzte Frage: «Warum gerade dieses?» erhielt ich dem Sinn nach die Antwort: «Dieses Bild vom Überschreiten des Jordans hat es uns angetan. Es bekundet das Ende aller wüsten Ängste im Land des Vertrauens.» Für jene Textsucherinnen und Textsucher liegt offensichtlich das Ziel der Freiheit im Vertrauen.
Nun sind, wie ich anfügen will, auch Todesängste Fesseln der Freiheit. So hat man nicht von ungefähr das Sterben im Bild des «Über-den-Jordan-Gehens» geschaut. «Drüben werden wir erwartet.» Unser Weg zur Freiheit führt «in dieser Zeit und dann hernach in Ewigkeit» in die offenen Arme Gottes. Das drückte Dietrich Bonhoeffer aus eigenem Erleben am Ende seines Gedichtes «Stationen auf dem Weg zur Freiheit» so aus:

«Freiheit, dich suchten wir lange
in Zucht und in Tat und in Leiden.
Sterbend erkennen wir nun
im Angesicht Gottes dich selbst.»

Das Innere der Kanzel in der Kirche zu Tamins aus dem Jahr 1730 mit den «Startlöchern» der Taminser Pfarrer.
(Foto: Bündner Kirchenbote, Pierre Oettli)

Weil nun auch zum Ernst der Humor als Ausdruck der Freiheit gehört, will ich die heutige Konfirmationspredigt so beschliessen: In den Holzboden dieser alten Taminser Kanzel aus dem Jahr 1730 haben meine Vorgänger im Pfarramt sicht- und spürbare Vertiefungen, Startlöchern gleich, gescharrt. Nun denn: Ich bin meinen Vorgängern dankbar, dass sie uns ein Bild zur Vertiefung ins Holz unseres Lebens hinterlassen haben. Ab also in die Startlöcher der Nachfolge Jesu Christi, liebe Konfirmandinnen und Konfirmanden, und wir, Eltern, Paten, Gemeinde mit Euch! Stationen zur Freiheit des Vertrauens wider die Angst! Paul Gerhardt dichtet das in seinem Passionschoral so:

«Wenn mir am allerbängsten
wird um das Herze sein,
so reiss mich aus den Ängsten
Kraft deiner Angst und Pein.»

Amen!

Wer wählt, bleibt verantwortlich

Predigt anlässlich der in Tamins tagenden Landsgemeinde des Kreises Trin am 7. Mai 1989 über Psalm 90, 12

Liebe Gemeinde!
Dem bin ich nicht historisch nachgegangen, warum gerade im Wonnemonat Mai, in der Blüte des Frühlings, und nicht etwa im Herbstmonat Oktober die Bündner Landsgemeinden zusammentreten. So vermute ich nun, es könnte hinter diesem Maidatum etwas von jener elementaren Frühlingshoffnung stecken, dass die von uns in politische Ämter Gewählten mit neuem Schwung – sei es durch Wiederwahl oder durch Neuwahl – ihre Aufgaben für das Gemeinwohl wahrnehmen. Und Schwung, den braucht es ja auch für die Wählerinnen und Wähler.
Das lässt mich weiter sagen: Was die Wählerinnen und Wähler und die in ein Amt gewählten Politikerinnen und Politiker miteinander verbindet, ist die Verantwortung. Für den Wähler gilt: Er kann, genauer, er darf sich nicht nach Abgabe seiner Stimme ins Schneckenhaus zurückziehen, als habe er nun gleichsam bis zum nächsten Wahlakt seine politische Verantwortung an die Gewählten delegiert. Vielmehr muss der Wähler, wenn unsere demokratische Staatsform in «Saft und Kraft» bleiben soll, weiterhin politisch interessiert bleiben, und «interessiert» ist nur das Fremdwort für ein Verhalten des Dazwi-

schenseins, des Dabeiseins. So ist es ja überhaupt im Leben: Wer wählt, bleibt verantwortlich für den Ehepartner ebenso wie für die Freundin oder den Freund, für die beruflich bedingten Entscheidungen ebenso wie für die Gesellschaft, bleibt verantwortlich für Leben und Tod, für das, was Leben erhält, und für das, was Leben vernichtet.

Auf politischer Ebene bedeutet das: Wer in ein politisches Amt gewählt wird, der kann seine Verantwortung nur wahrnehmen, wenn sich im demokratischen Staatsgefüge die Basis, das Stimmvolk, der eigenen Verantwortung bewusst ist. Kurz: Ohne verantwortungsvolle Basis gibt es keine verantwortungsbewussten Politiker.

Das lässt sich über den Bereich der Politik hinaus fortsetzen, etwa so: Ohne verantwortungsbewusste Patienten, ohne solche, die ihr Leiden verantworten, gibt es keine verantwortungsbewussten Ärzte, ohne für die Gemeinde verantwortungsbewusste Kirchgenossen, gibt es keine verantwortungsbewussten Pfarrer. Ohne verantwortungsbewusste Arbeitnehmer keine verantwortungsbewussten Arbeitgeber, ohne verantwortungsbewusste Sportfans keine verantwortungsbewussten, fairen Sportler usw.

Natürlich gibt es auch die persönliche Verantwortung des Politikers, des Arztes, des Pfarrers, des Arbeitgebers, des Sportlers. Aber allein, und das war's, was ich hervorheben wollte, kann kein Mensch Verantwortung ausüben. Verantwortung meint ja: auf jemanden hören und antworten. Dazu bedarf es mindestens zwei.

Aufgaben sind teilbar, weil nicht jeder alles kann, und weil nicht jeder dieselben Fähigkeiten hat. Aber die Verantwortung als ganze ist unteilbar. Zu diesem Ganzen hat lediglich jeder, seiner Begabung entsprechend, seinen Teil beizutragen.
Erst recht erleben wir Verantwortung als Ganzes, wenn wir miteinander reden. Tut's wohl oder tut's weh? Der Verantwortung können wir uns nicht entziehen. Schiller drückt das aus, wenn er vom Wort sagt, «das sich schwer handhabt, wie des Messers Schneide».
Liebe Gemeinde! Von der Landsgemeinde ging ich aus, um die Sache mit der Verantwortung auszusprechen, Verantwortung, die einmal getragen und zum anderen persönlich riskiert werden will – zum Gemeinwohl.
Da merken wir, in welchem Stand und Amt auch immer, sei es als Stimmbürger oder gewählter Politiker, als Eltern oder Lehrer, als Mitarbeiter oder Chef, als Einheimischer oder Fremder, als Gastgeber oder Gast, als Hausgenosse oder Nachbar: wir sind der Hilfe bedürftig, um verantwortlich zu leben, um Wesentliches von Unwesentlichem zu unterscheiden, um Leben zu erretten, anstatt zu vernichten. Was hilft uns zur Verantwortung? Ich blättere in der Bibel, finde vieles, und muss wählen, muss riskieren. Ich wähle und riskiere, mitten im Wonnemonat Mai, ein uns allen vertrautes, oft wiederkehrendes Wort, das aus dem 90. Psalm, Vers 12: «Lehre uns bedenken, dass wir sterben müssen, auf dass wir klug werden.»
Dieses Psalmwort kann, hört man nur das Sterben heraus, befremdend, ja angsteinflössend wir-

ken. Und wer Angst hat, der ist zur Übernahme von Verantwortung unfähig. Dazu las ich folgende Begebenheit: Nach der Bekanntmachung eines Sterbefalles in einer Kirche schloss der Pfarrer eben mit diesem Psalmwort: «Herr lehre uns bedenken, dass wir sterben müssen, auf dass wir klug werden.» Anschliessend protestierte ein Familienvater: «Dieser Spruch ist zu direkt. Konnten Sie nicht etwas Gefälligeres nehmen?»

Das Wort kann andererseits, hört man «auf dass wir klug werden» heraus, direkt befreiend wirken. Dazu nenne ich dieses: Am 4. April 1787, nur vier Jahre vor seinem eigenen Sterben, hatte der einunddreissigjährige Wolfgang Amadeus Mozart seinem todkranken Vater geschrieben: « – ich lege mich nie zu bette ohne zu bedenken dass ich vielleicht – :so Jung als ich bin: – den anderen tag nicht mehr seyn werde – und es wird doch kein Mensch von allen die mich kennen sagn können dass ich im umgange Mürrisch oder trauerig wäre – und für diese glückseeligkeit danke ich alle tage meinem Schöpfer, und wünsche sie vom Herzen Jedem meiner Mitmenschen.»

Mozart – da flechte ich ein: An Martin Buber, einen jüdischen Denker des Glaubens, schrieb Eduard Strauss am 28. Oktober 1947: «...ich habe Dir, ich weiss nicht weshalb, die freundgeduldigen Ohren vollgeklagt: Du bliebst plötzlich stehen und sagtet: ‹Was willst Du eigentlich? Es gibt doch Mozart›...Ich habe es, es ist schon fast ein Dauerzustand geworden, sehr nötig, an den Glücksfall ‹Mozart› häufig erinnert zu werden.» Der hat, gewiss nicht nur aber doch ein Stück weit, was in der Heiterkeit, Verspieltheit, Gelassenheit, dem Humor, der Fröhlichkeit bis zur Trauer seiner Musik mit zum Klingen kommt, – eben ‹der Glücksfall Mozart› hat auch etwas mit jener ‹glückseeligkeit› zu tun, die ihn, mitten im Leben jeden Abend den eigenen Tod bedenkend, umfängt. Seinem Schöpfer ist er dafür dankbar. Daran kann uns eingehen, was zur Verantwortung hilft: Wer abends gedenkt, bedenkt und inne wird, vielleicht werde ich des andern Tags nicht mehr auf dieser Erde sein, deren Gast auf Abrufung ich ja bin, dem muss gar nicht erklärt werden, was Verantwortung bedeutet. Er wird verantwortlich leben.

Und weiter: Vor etlichen Monaten besuchte ich die Aidshilfestelle Graubünden. Im Gespräch mit deren Leiter erzählte der mir betroffen: «Wir haben einen Menschen zu begleiten, der hat uns gesagt: ‹Ich bin dankbar, dass ich Aids habe, denn mit dieser Krankheit zum Tode im Leib weiss ich jetzt, warum, wozu und für wen ich lebe.›» – Da drückt sich verdichtet die Erfahrung aus: Angesichts des Todes wird man Wesentliches vom Unwesentlichen unterscheiden und so Verantwortung üben.

Das lässt mich hier dieses anschliessen: Wer den Gedanken an seinen Tod verdrängt, wird tun, als lebe er ewig. Manche solcher Menschen haben auch schon vom «Tausendjährigen Reich» gefaselt – das alles wäre dann ein Kapitel zum Thema «Der Untergang der Verantwortung und dessen Folgen.»

Schliesslich: Wir verinnerlichen uns Jesus Christus, der verantwortlich lebte vor Gott für die Welt. Dann ist er aus Verantwortung vor Gott für die Welt den Kreuzestod gestorben. Wir bekennen: Jesus Christus starb für unsere Sünden. Sünden sind namhaft zu machen. Eine heisst Verantwortungslosigkeit. So sind wir denn durch Jesu Tod aus Verantwortung von unserer Verantwortungslosigkeit erlöst. Und erlöst lässt jeweils die Frage stellen: Erlöst wozu? Eben: Zur Übernahme eigener Verantwortung.

Verantwortung wahrnehmen, wirkt einmal auf einen selbst beglückend. Jesus hat das erfahren etwa bei den Gastmählern mit seinen Jüngern und auch mit «Zöllnern und Sündern». Zum anderen wirkt Verantwortung, worauf uns in aussergewöhnlicher Weise Jesu Kreuz aufmerken lässt, auch bei uns irgendwie als Kreuz.

Liebe Gemeinde, diese Predigt am heutigen Landsgemeindesonntag wollte zur Verantwortung, die als ganze unteilbar ist, ermuntern. Das lässt mich am Ende, das zum Anfang werden möchte, einen aufgeschnappten Satz wiedergeben: «Wir haben die Erde nicht von unseren Eltern geerbt, sondern von unseren Kindern geliehen.»

Amen!

Vorwiegend heiter

Traupredigt in Tamins im Sommer 1991 über Philipper 4, 4-7

Liebes Brautpaar, liebe Gemeinde!
Als ich das Brautpaar im Traugespräch fragte, was ich denn heute predigen solle, gab es als Motto an: «Vorwiegend heiter». So empfinden es die meisten Brautpaare – bis in biblische Zeiten zurück. Oft wird ja in der Bibel Hochzeit zum Bild der Freude, auch in der bekannten Legende von der Hochzeit zu Kana – (Johannes 2,1-12).
Weiter dazu: Während der letzten Frühlingsferien besuchten meine Frau und ich in München eine Ausstellung mit Werken von Marc Chagall, meinem Lieblingsmaler. In auffallender Häufigkeit kehrt bei seinen Bildern ein da oder dort schwebendes Brautpaar wieder, ein Bild der Freude jeweils in einem grösseren Bild. Da will der Künstler ja nicht Sichtbares wiedergeben, sondern sichtbar machen, in dem Fall die Freude. Wenn Hochzeit zum Bild der Freude überhaupt wird, dann muss weiter von der Reaktion auf Freude allgemein die Rede sein. Und die ist das Lachen. Lachen ist ja eine nur dem Menschen zugehörige Lebensweise. Verhaltensforscher stellen bei den Menschenaffen nicht ein Lachen, sondern höchstens eine Vorstufe fest.
Um den eingangs erwähnten Wunsch unseres Brautpaars weiter zu entfalten, nenne ich zwei persönliche Lachereignisse: Da ist einmal die Fastnacht. Meine Familie und ich erleben sie,

einer Clique zugehörig, in Basel. Nun, zur Fastnacht gehört wesentlich das befreiende Lachen unter der Larve der Narretei. Dazu las ich dieser Tage das Bekenntnis: «Gerne will ich das Risiko auf mich nehmen, für die Lust auf die Freiheit ein Narr zu sein.»
Verhaltener sagt das Charly Chaplin so: «Auf dem Grund des Lächelns schwimmt eine Träne.»
Zum anderen: Im Februar dieses Jahres besuchten meine Kinder, Schwiegerkinder und ich im Zürcher Schauspielhaus einen Schwank der Gebrüder Franz und Paul Schönthan, benannt «Der Raub der Sabinerinnen». Das Stück ist voller Rosinen. «Sie springen vom sogenannten Gegenstand ab; sie lassen – wie der Theaterkritiker Alfred Kerr einst schrieb – den Zuschauer nicht los, fesseln ihn mit Flachheiten – bei denen man doch unter den Stuhl fällt.» – So taten auch wir.
Als Übergang zum weiteren Verlauf dieser Traupredigt erlaube ich mir just an dieser Stelle eine Anspielung: Wenn zwei heiraten, dann ist das kein Raubzug. Da raubt nicht der Mann die Frau oder die Frau den Mann, oder jedenfalls sollte es nicht so sein. Denn sonst müsste der eine den anderen für seinen Besitz halten. Die Bezeichnung «mein Mann» – «meine Frau» wäre im Sinne des besitzanzeigenden Fürworts Ausdruck für Eigentumsrecht. Nach christlichem Glauben aber ist kein Mensch des anderen Eigentum. Das gilt auch für die Ehe. «Mein Mann», «meine Frau» ist ein Liebesbekenntnis. Es drückt aus: Ich fühle und weiss mich dir besonders zugehörig, aber ich bin dir nicht hörig. Ich glaube und vertraue

dir. Rainer Maria Rilke drückt das in seinem Gedicht «Liebes-Lied» so aus:

*«Wie soll ich meine Seele halten, dass
sie nicht an deine rührt? Wie soll ich sie
hinheben über dich zu anderen Dingen?
Ach gerne möcht ich sie bei irgendwas
Verlorenem im Dunkel unterbringen
an einer fremden stillen Stelle, die
nicht weiterschwingt, wenn deine Tiefen
schwingen.
Doch alles, was uns anrührt, dich und mich,
nimmt uns zusammen wie ein Bogenstrich,
der aus zwei Saiten eine Stimme zieht.
Auf welches Instrument sind wir gespannt?
Und welcher Geiger hat uns in der Hand?
O süsses Lied.»*

Im Hintergrund all' des bislang Gesagten stand bereits der biblische Text, den ich für Euch, liebes Brautpaar, zu dieser Traupredigt ausgesucht habe. Es ist ein Abschnitt aus dem Philipperbrief des Apostels Paulus. Dieser Brief, an die Gemeinde in Philippi gerichtet, ist, wie der katholische Theologe Karl Rahner betont hat, «ein persönlicher Brief, ein unmittelbarer Herzensbrief, ein Brief, in dem nicht grosse, abstrakt-theologische Themen behandelt werden, sondern von Herz zu Herz geschrieben wird.» Der von mir gewählte Abschnitt steht dort in Kapitel 4 in den Versen 4-7, und die lauten: «Freut euch immerzu, weil ihr mit dem Herrn verbunden seid, und noch einmal sage ich: Freut euch! Alle sollen sehen, wie freundlich und gütig ihr zueinander seid. Der Herr kommt bald!

Macht euch keine Sorgen, sondern wendet euch in jeder Lage an Gott und bringt eure Bitten vor ihn. Tut es mit Dank für das Gute, das er euch schon erwiesen hat. Der Frieden Gottes, der alles menschliche Begreifen weit übersteigt, wird euer Denken und Wollen im Guten bewahren, weil ihr mit Jesus Christus verbunden seid.» (Übersetzung: Die Gute Nachricht)

Weil diese Worte so stark für sich sprechen, genügt es, wenn ich daraus auf meine Weise nur dies und das aufnehme: Der Apostel Paulus schrieb seine Briefe in Griechisch, der damaligen Weltsprache. Mit dem «Freut euch» nimmt er die übliche griechische Begrüssungsformel «chairete» auf. Schon darin drückt sich Elementares aus: Freuen kann man sich nicht allein. Freude will geteilt und mitgeteilt sein. So enthielten ja auch die Einladungen des Brautpaars zum heutigen Fest den Ton: Kommt ihr Verwandte und Freunde und seid mit uns vergnügt! Teilt mit uns die Freude! Denn geteilte Freude ist doppelte Freude!

Die in seiner Umwelt geläufige Begrüssung vertieft Paulus. Er sagt: «Freut euch in dem Herrn.» Damit bekundet er Jesus Christus als den Grund der Freude. Dieser Grund hat viele Namen. Ich nenne «Geborgenheit, Vertrauen, Gottes Nähe.»

Wir alle sind damit begabt. Wir alle haben diese Gaben. Manchmal schlafen sie, dann wollen sie wieder geweckt werden. Damit spreche ich auch Eure Berufserfahrung an. Manchmal werdet Ihr es mit Menschen zu tun haben, deren Vertrauen Euch wohltut. Und manchmal beschäftigen Euch solche, deren Ängste Euch selber ans Herz greifen.

Durch Worte und Gesten versucht Ihr dann, in jenen etwas von der Gottesgabe des Vertrauens zu wecken. Verschiedentlich habe ich solches gehört. Es erinnert mich daran: Meine Frau hat ein Buch «Kinder- und Jugendbriefe an Albert Schweitzer» herausgegeben. Darin heisst es im Schreiben eines Mädchens: «...hoffentlich kommen auch die Bonbons gut an; ich dachte mir, wenn irgend jemand von Ihren vielen Patienten Schmerzen hat, könnten Sie ihm Tabletten und Bonbons geben...» Apropos Bonbon: Das ist eine der Kindersprache entstammende Wiederholungsform des französischen «bon», eben «Gut - gut.» Es verleitet mich zu der Assoziation: Ihr wisst die körperlichen und die seelischen Süssigkeiten zu schmecken und zu geniessen.

Um im Bild zu bleiben: Manchmal wird es in der Ehe sauer. Das ist unangenehm, wehtuend - aber ebenfalls normal. Dann bringt, wie das Süsse, so auch das Sauere vor Gott. Es ist gewiss merkwürdig - ist aber des Merkens würdig.

Noch einmal sage ich: Freut Euch, wie Gott Euch und uns in Jesus Christus nahe kommt!

Das lässt uns abschliessend wieder dem Apostel Paulus zuhören: «Der Frieden Gottes, der alles menschliche Begreifen weit übersteigt, wird euer Denken und Wollen im Guten bewahren, weil ihr mit Jesus Christus verbunden seid.»

Damit wünsche ich Euch für Euer gemeinsames Leben: Gut - gut. Das schwinge als bleibender Wunsch mit in der Musik, in Glücksausrufen und später im Prosit der klingenden Gläser des heutigen Tages... - *Amen!*

Oekumenische Trauerzeit?

Pfingstpredigt in Bonaduz und Tamins am 3. Juni 1990 über Apostelgeschichte 2, 42-47

Liebe Gemeinde!
Die Frage nach ökumenischer Trauerzeit drängt sich heute auf. Um sie zu entfalten, wozu Gemeindeglieder sowie Kirchenvertreter mich gebeten haben, will ich vorweg etwas aus neutestamentlicher Zeit nennen.
Wer das Evangelium und die Apostelgeschichte des Lukas liest, - die Geschichte mit Jesus und wie die Geschichte mit dem Gottessohn weitergeht -, dem fällt auf: Da bricht immer die Freude durch. Als ein Beispiel hierfür nenne ich Jesu Gleichnis vom verlorenen Sohn, das uns nur Lukas in seinem Evangelium überliefert hat. Da sagt der Vater bei der Heimkehr seines jüngeren Sohnes: «Lasset uns essen und fröhlich sein». Und den darüber murrenden älteren Sohn ermutigt er: «Du sollst aber fröhlich und guten Muts sein; denn dieser dein Bruder war tot und ist wieder lebendig geworden; er war verloren und ist wiedergefunden.» (Lukas 15, 23.32)
In der Sprache unserer Zeit lässt sich sagen: Die beiden Bücher des Lukas, der von Beruf Arzt war, spiegeln etwas von «der Kraft des positiven Denkens» wider. Er selbst würde es wohl eher «die Kraft des positiven Glaubens» genannt haben. Sie gehört ebenfalls heute zu den Freuden in und an der Kirche.
Für Lukas ist diese Christusfreude dermassen be-

stimmend, dass er, wie unser Predigttext bekundet, auch das Ideal eines christlichen Gemeinschaftslebens zu schildern vermag und dabei Einzelfälle verallgemeinert. Ich skizziere dieses Ideal:
Treue zur Lehre, zur Christusbotschaft der Apostel, viele Wunder geschahen, die Christen hatten alles gemeinsam, verstanden sich auf das Teilen ihres Besitzes, waren einmütig im Gottesdienst beieinander, hielten von Haus zu Haus das heilige Abendmahl, lobten Gott, und die Gemeinde wuchs – wachsen ist ja ein Wort für leben.
Schon damals entsprach dieses Idealbild nicht der Wirklichkeit. So entnehmen wir etwa den Briefen des Apostels Paulus: Bereits zur Zeit der ersten Christen gab es neben den Freuden auch die Leiden in und an der Kirche. Zu den Leiden gehörte der manchmal aufbrechende Streit zwischen einigen Aposteln, dann der Streit zwischen Judenchristen und Heidenchristen sowie der zwischen manchen Ortsgemeinden. Warum Gott solches Leiden, weil Gemeinschaft gefährdend oder gar zerstörend, zulässt, ist mir ein Geheimnis. Nur das ist mir offenbar, was der Apostel Paulus betont: «Wo ein Gemeindeglied oder eine Gemeinde oder – wir dürfen heute ergänzen – eine Kirche leidet, da leiden alle anderen mit.» (Vgl. 1. Korinther 12,12–26)
Besonders markant ist gegenwärtig das Leiden vieler Christinnen und Christen in unserer katholischen Schwesterkirche, namentlich im Bereich des Bistums Chur. Sie bitten uns Protestan-

ten vermehrt, ihr Leiden an ihrer Kirche nicht zu ignorieren, sondern im ökumenischen Geist mitzutragen. Deshalb will ich hier ein paar Aussagen von engagierten, gläubigen Katholiken wiedergeben, mit denen sie mir ihr Leiden bekannten:

Es gibt Zeiten, da entstehen Witze, die eigentlich nicht zum Lachen, sondern zum Weinen bewegen, weil sich in ihnen bitterste Enttäuschung Luft macht. So auch jetzt. Mich ruft ein katholischer Freund und Kollege an. Wir besprechen ein paar berufsbedingte Sachen. Zum Schluss des Gesprächs fragt er unvermittelt: «Weisst Du auch, dass Chur das kleinste Bistum auf der Welt ist? – Es gehört nur noch der Hof in Chur dazu.» Wenige Stunden später meldet sich derselbe Freund wieder am Telefon und berichtet mit zitternder Stimme: «Gerade habe ich erfahren, wer plötzlich zum neuen Bischof von Chur ernannt worden ist.»

Am selben Abend jenes 22. Mai 1990 begegne ich in Chur einem bekannten katholischen Theologen. Ich frage ihn, wie bei Begegnungen allgemein üblich: «Wie geht's?» Augenblicklich wendet er zornig seine Augen gegen Süden und bemerkt wütend: «Dieser Papst lässt sich in Prag als Freiheitsheld feiern, und in seiner eigenen Kirche wirkt er als Diktator.»

Ich füge an: Tags darauf besuche ich eine weit über achtzigjährige Frau unserer evangelischen Taminser Kirchgemeinde. Sie bemerkt bezüglich der selber denkenden katholischen Mitarbeiterinnen und Mitarbeiter im Bistum Chur:

«Die, die etwas sind, bekommen eine Ohrfeige, das tut weh. Mancher wird wohl jetzt auch dieses Bistum verlassen.» Das lässt mich sagen: Solche «Vertreibung» überzeugter und denkender Katholiken aus kirchlichen Funktionen wird zunehmend das ökumenische Verhältnis in Graubünden wie andernorts belasten.

So sind auch wir Evangelische von den heutigen Vorgängen im Bistum Chur vielfältig mitbetroffen. Zudem sind wir alle in den Augen der Gläubigen anderer Weltreligionen wie in den Augen der bewusst Religionslosen im ersten Rang Christen und bloss im zweiten Rang katholisch oder reformiert usw....

Zugleich müssen wir Protestanten uns selbstkritisch fragen: Wie und wo läuft denn der Hase in unseren evangelischen Kirchen? Wo sprengt es uns auseinander?

So halte ich die Idealschilderung des Lukas vom christlichen Gemeinschaftsleben in unserer Zeit für ausserordentlich hilfreich. Sie macht uns Mut, angesichts der Leiden an der Kirche nicht in Resignation zu verharren, sondern im Vertrauen auf die uns in Jesus Christus vermittelte Kraft des Heiligen Geistes weiterzugehen. Dabei wird sich erweisen, ob wir Christen unserer Berufung treu bleiben, nicht nur für unsere Kirche, sondern gerade auch für die anderen dazusein – im Dienst der Gerechtigkeit, des Friedens und der Bewahrung der Schöpfung.

Amen!

Überwindung des religiösen Egoismus

Predigt in Tamins am 8. März 1987 über Matthäus 18, 20

Liebe Gemeinde!
Menschen zu begegnen ist etwas Faszinierendes. Keiner von uns möchte auf Begegnungen verzichten. Dabei merkt jeder elementar: Ich gehöre unter Menschen. Auch fotographieren oder filmen wir bekannte und unbekannte Menschen. Das ist ebenso eine Art Liebeserklärung an die Mitmenschen. So sind wir einerseits Menschenfreunde – mit dem Fremdwort Philanthropen.
Und das nur zwischenhinein: Im 18. Jahrhundert, dem Zeitalter der Aufklärung, gab es im Schloss Marschlins bei Igis in Graubünden ein Philanthropin, eine Schule der Menschenfreundschaft.
Andererseits merken wir elementar: Wir sind verletzlich. Auf Enttäuschungen, die aller Vernunft widersprechen, reagieren wir empfindlich. Das kann uns zum Menschenfeind, zum Misanthropen machen.
So sind wir Schwankungen unterworfen. Mal sind wir mehr Menschenfreund, mal sind wir mehr Menschenfeind, ebenso wie wir die Schwankungen zwischen seelischen Hochs und seelischen Tiefs, zwischen einer manischen und einer depressiven Phase kennen. Und wie es überall Exponenten gibt, so auch hier. Einen Exponenten der Menschenfreundschaft nennen

wir beispielsweise den Albert Schweitzer. Ein Exponent der Menschenfeindschaft war der englische Dichter Jonathan Swift, von Beruf übrigens, wie Albert Schweitzer, auch Pfarrer. Swift schrieb in einem Brief aus dem Jahre 1725: «Das Hauptziel, das ich mir bei all meinen Arbeiten setze, ist eher, die Welt zu plagen, als sie zu zerstreuen... hauptsächlich hasse und verachte ich das Tier, das man Mensch nennt, obwohl ich herzlich John, Peter, Thomas usw. liebe... Ich habe Stoff für eine Abhandlung, die beweisen soll, dass die Definition, der Mensch sei ein ‹animal rationale› (ein vernünftiges Wesen) falsch ist... Auf diesem grossen Fundament der Misanthropie ist der ganze Bau von ‹Gullivers Reisen› errichtet.»

Wie Feuer und Wasser zwei Naturelemente sind, so sind Liebe und Hass zwei Elemente der menschlichen Seele. Jonathan Swift liebte einzelne Menschen, doch dem Menschengeschlecht als Ganzem war er feind, da es mit Unvernunft soviel Zerstörung anrichtet. Er wollte die Welt plagen, weil er sich selbst als Geplagten erfuhr, geplagt durch menschliche Unvernunft, die er hellsichtig wahrnahm. So ist bei Jonathan Swift, auch wenn das auf Anhieb seltsam klingen mag, der Hass nicht von der Liebe zu trennen. Er schreit gleichsam als Menschenfeind nach Menschenfreund. Hermann Hesse drückte das in einem Vorwort zu Swifts welbekanntem Buch «Lemuel Gullivers Reisen» so aus: «... wie viel Menschenliebe, wie viel heisse Sorge um die Zukunft unserer Art, wie viel heimliche, glühende Liebes-

sorge um Menschheit, Staat, Moral, Gesellschaft glüht in dieser phantastischen Vorstellung auf!»
Und Swift selber: «Wir haben gerade genug Religion in uns, um uns zu hassen, aber nicht genug, um einander zu lieben.»
Der falbelhafte Reichtum dieser Dichtung hat zu Kurzfassungen gereicht, die dann «Gullivers Reisen» bis heute zu einem der beliebtesten Kinderbücher haben werden lassen. Ungekürzt aber ist des Buches Inhalt eine lodernde Auflehnung gegen Menschheit und Weltlauf in Form der Satire. Das lässt mich etwas aus dem ersten Teil des Buches aufgreifen, wo Swift den schiffbrüchigen Gulliver, den es an die Küste von Lilliput verschlagen hat, zum Riesen und die Einwohner von Lilliput zu sechs Daumen grossen Zwergen gestaltet. Hier in Lilliput erfährt Gulliver, dass die beiden grossen Kaiserreiche Lilliput und Blefusku «seit sechsunddreissig Monden mit wechselndem Glück den blutigsten Krieg, den man je erlebt hat, gegeneinander führen.»
Die Ursache des Krieges erscheint als Karikatur. Gestritten wird da, ob man das Ei, ehe man es isst, am dicken oder am spitzen Ende einschlägt. Vorgängig war es in Lilliput deshalb schon zu sechs Bürgerkriegen gekommen. Dann, so nun der Dichter wörtlich, «der Grossvater Seiner gegenwärtigen Majestät schnitt sich, als er in früher Jugend ein Ei essen und nach altem Brauch zerbrechen wollte, in den Finger. Darauf erliess sein Kaiserlicher Vater ein Edikt, das allen Untertanen bei hoher Strafe gebot, ihre Eier am spitzen Ende aufzumachen. Dieses Gesetz erbitterte das Volk

dermassen, dass deswegen laut unseren Jahrbüchern sechs Bürgerkriege ausbrachen. Diese inneren Unruhen wurden von den Monarchen Blefuskus noch ständig geschürt.» – Der Bürgerkrieg weitete sich zu einem Völkerkrieg um den einzig richtigen Brauch des Eieröffnens aus.
Die Karikatur lässt uns schmunzeln. Wir kommen uns riesig gegenüber solchen dummen Kleinigkeiten vor, riesig überlegen wie der Riese Gulliver gegenüber dem menschlichen Zwergengeschlecht von Lilliput. Doch dann, so will es die Karikatur, weicht das Schmunzeln dem Nachdenken. Im Religionsunterricht der dritten Sekundarklasse haben wir darüber gesprochen. Einer der Schüler schreibt: «Es gibt heute immer noch viele Menschen wie in dieser Geschichte. Es gibt Kinder, die wegen jeder Kleinigkeit sofort zu streiten beginnen. Ich finde, die Menschen sollten mehr Verständnis füreinander aufbringen, denn es gibt ja wirklich schon genug Krieg auf dieser Erde. Wurden nicht etwa alle Kriege auf unserem blauen Planeten wegen mehr oder weniger kleinen Kleinigkeiten geführt?»
Und wie ein weiterer Kommentar zu Swifts geschilderter Karikatur des «Eierkrieges» erscheinen Worte aus Carl Friedrich von Weizsäckers Buch «Die Zeit drängt»: «Die pragmatische Entscheidung, den heutigen Regierungen Handlungsweisen vorzuschlagen, ruht auf der Hoffnung, es könne möglich sein, die Institution des Kriegs ohne die Katastrophe eines neuen Weltkriegs zu überwinden. Diese Hoffnung muss phantastisch erscheinen, wenn man die realen

politischen Mechanismen genau anschaut. Sie ist phantastisch, weil sie vernünftig ist und weil die herrschende Verdrängung der Gefahr und Fehlwahrnehmung des jeweiligen Gegners gerade das Vernünftige als unzweckmässig erscheinen lässt.»
Im Hintergrund meiner Überlegungen steht das Wort Jesu Christi: «Wo zwei oder drei versammelt sind in meinem Namen, da bin ich mitten unter ihnen» (Matthäus 18, 20). Zu seinem Verständnis sei gesagt: Es geht da nicht um irgendeinen Trost für schlecht besuchte Gottesdienste. Sondern hier geht es um die Feststellung: Die Beziehung zu Gott erfüllt sich nicht im «Ich und Du», sondern im «Wir und Du». So hiess es schon im Judentum vor Jesus: «Wenn drei sitzen und sich mit der Tora (den fünf Büchern Mose) beschäftigen, so rechnet es ihnen Gott so an, als ob sie eine Vereinigung vor ihm geworden wären.»
Die Betonung liegt also nicht auf der kleinen Anzahl von zwei oder drei Menschen, sondern einfach auf der Mehrzahl, und die beginnt ja bekanntlich bei zwei. So gewinnt das Wort des Gottessohnes Jesus Christus die Deutung: Die Beziehung zu Gott erfüllt sich im Wir mit Gott und nicht im Ich mit Gott. Ich halte das für eine uns von Gott her durch Jesus Christus geschenkte vernünftige Haltung. Warum? Ich komme nochmals auf Swifts «Eierkrieg»-Karikatur zurück, mit der er recht eigentlich die Religionszwiste meinte.
Religionskriege. – Die Geschichte des Christentums ist voll davon und neuestens auch die des

Islams. Religion hat es immer mit dem Innersten des Menschen zu tun. So halte ich persönlich Religionsfrieden für die innere Voraussetzung, ja für die Seele des politischen Friedens. Zum Religionsfrieden aber gehört nicht Ausschluss, sondern Einschluss Andersgläubiger, gehört offene und nicht geschlossene Religionsgesellschaft. Es geht nicht an, dass ich oder meine Konfession oder meine Religion den Herrgott für uns alleine haben wollen. Religiöser Egoismus ist wohl der schlimmste aller Egoismen! Zugleich ist er wohl auch der lächerlichste, als den ihn Jonathan Swifts «Eierkrieg»-Karikatur entlarvt.

Das lässt mich persönlich gestehen: Ich bin überzeugter Christ protestantischer Prägung. Offenbar hat es Gott aber auch gefallen, andere Menschen religiös anders zu prägen. Dann aber weitet sich das Wort des Christus, der für Andersgläubige seiner Zeit, für die Samaritaner und die Römer offen war: Nicht wo einer, sprich Angehörige einer Religion, sondern zwei oder drei oder mehr, sprich Christen, Juden, Mohammedaner oder mehr, beieinander sind, da ist Gott mitten unter ihnen. Natürlich gibt es Gottesbeziehung auch in der Einzahl. So bin ich gerne Christ. Aber erfüllen tut sich Gottesbeziehung in der Mehrzahl, so glaube ich.

Denn ich kann mir mit dem Verstand, den mir Gott gegeben hat, beim besten Willen nicht vorstellen, Gott sei evangelisch oder katholisch, christlich oder jüdisch oder mohammedanisch. Wohl aber kann ich mir vorstellen, dass Gott uns nicht nur dem Körper und der Hautfarbe, sondern auch der Religion nach verschieden gestaltet hat. Dann fällt uns die Aufgabe zu, die Verschiedenheit wahrzunehmen und das Gemeinsame wie das Verschiedene vor Gott zu tragen. Denn um einander lieben zu können, muss ich dem Weg, den mir Gott gewiesen hat, treu bleiben. Die Treue zur eigenen Glaubensweise schenkt aber zugleich Ehrfurcht vor anderen Glaubensweisen. Sie macht offen und lässt hoffen.

Amen!

So leben wir und nehmen immer Abschied

Trauerpredigt anlässlich der Abdankung von Ruedi Walter am 25. Juni 1990 im Fraumünster zu Zürich über Psalm 37, 5

*Liebe Irène, liebe Trauerfamilie,
liebe Freunde, liebe Trauergemeinde!*

«Wer hat uns also umgedreht, dass wir, was wir auch tun, in jener Haltung sind von einem, welcher fortgeht? Wie er auf dem letzten Hügel, der ihm ganz sein Tal noch einmal zeigt, sich wendet, anhält, weilt –, so leben wir und nehmen immer Abschied.»

Mit diesen Worten schliesst Rainer Maria Rilke die achte seiner Duineser Elegien. Die klassische Form der Elegie auf seine Weise abwandelnd, nimmt Rilke die Stimmung unserer Empfindsamkeit auf, hier als Klage über Sehnsucht nach Unerreichbarem sowie als Klage über Trennung, Verlust und Tod.

Wohnt jedem Abschied, weil einmal Erlebtes so nie wiederkehrt, bereits ein Stück Tod inne, so verdichtet sich das, wenn ein uns vertrauter, liebgewordener Mensch stirbt. Dann rollen die Tränen noch heisser als sonst beim Abschied, weil die Trennung auf Erden endgültig ist und wir eine vertraute Stimme nicht mehr hören. Solcher Abschied lässt uns unsere Toten die Abgeschiedenen nennen, eben die, die von uns Irdischen weggegangen sind.

Im Verb weggehen steckt das Substantiv Weg und darin wiederum das Wort Bewegung. Heute und nicht nur heute bewegt uns der Abschied von Ruedi Walter, der am 16. Juni im Alter von 73 Jahren gestorben ist. Die Nachricht von seinem Tod, zehn Tage nach gut überstandener Operation, liess jeden von uns auf seine Weise stillstehen; und wenn sich bald zögernd unser Mund öffnete, kamen die Worte über unsere Lippen: «Nicht zu fassen.» So gerieten wir langsam wieder in Bewegung. In uns verdichtete sich unwillkürlich eine Fülle von Erinnerungen aus früheren Zeiten bis zur letzten Begegnung mit ihm. Wir spürten und spüren: Er teilte sein Leben mit uns und wurde zu einem Teil unseres Lebens, jedem persönlich auf seine Weise. Wir leiden, weil dieser Teil uns fehlen wird.

Das lässt mich etwas zum christlichen Leidensverständnis sagen. Einerseits gilt da ohne Abstriche: Nimm den Kampf gegen das Leiden auf, wo immer du kannst. Behebe Leiden in der Medizin und überall im Leben. Gott will Leiden letztlich nicht. Andererseits gilt ohne Abstriche: Füge dich dem Leiden, halte aus, halte durch, ohne Auflehnung.

Hier tut sich ein Widerspruch kund, der logisch nicht aufzulösen sein wird. Durch Jesus Christus aber ist er gedeutet worden, durch sein eigenes Leben und sein eigenes Leiden. Er konnte Leiden energisch bekämpfen – nicht nur bei Krankenheilungen. Und er konnte Leid tragen bis ans Kreuz. Von daher sage ich und tue es menschlich zaghaft: Wer Leiden bekämpft, bekommt auch

Kraft zum Tragen eigenen Leids, wenn's dann sein muss. Eben – er gerät wieder in Bewegung.
Da fällt uns dann in der Erinnerung auch ein: Ruedi Walter war eigentlich immer in Bewegung. Nicht von ungefähr hat ihn vielleicht deshalb zeit seines Lebens sein Konfirmationsspruch besonders angesprochen, der Spruch, zu dem er sich bekannte, und in dem er sich selber wiederfand. Der Spruch, uns mehr oder weniger vertraute und bergende Worte, steht im Psalm 37 Vers 5 und lautet in der bekannten dichterischen Übersetzung Martin Luthers: «Befiehl dem Herrn deine Wege und hoffe auf ihn; er wird's wohl machen.» Wörtlich aus dem hebräischen Urtext übertragen heisst das: «Befiehl Jahwe – so der Eigenname Gottes im Alten Testament – deinen Weg und vertraue ihm; er wird es ausrichten – oder auch: er wird es fügen.»
Der Psalm 37 insgesamt gehört zur Gattung der Weisheitsliteratur, in der Erfahrung lehrhaft übermittelt, Lebensprobleme reflektiert und Glaubensaussagen in Ermahnungen, Warnungen und Verheissungen vorgetragen werden. Hier im Vers 5 ist es die Erfahrung mit dem Weg, der Bewegung vor Gott.
Das lässt mich jetzt aus Ruedi Walters Leben dies und das an Bewegungen nennen; dem wird jeder unwillkürlich persönlich Erlebtes und Erlauschtes hinzufügen.
Einmal: Mit seiner Schwester Gertrud Kessel hat Ruedi Walter die ganze schauspielerische Ausbildung durchlaufen. Und sie war es denn auch, die den Bruder wesentlich mit zum Schauspieler-

beruf ermutigte. Er wurde dann zum Volksschauspieler, weil er sich selbst als Teil des Volkes empfand. Geradezu symbolisch dafür ist seine Darstellung des Heiri in «Die kleine Niederdorf-Oper» mit dem Text von Walter Lesch und der späteren Neufassung von Max Rüeger und Werner Wollenberger sowie der Musik von Paul Burkhard. – «Jässodu!» Zu seinem Volksschaupielerdasein gehörte auch dieses: Einmal fragte mich Ruedi: «Gibt es bei Euch in Tamins», wo ich Pfarrer bin, «Altersnachmittage? Weisst Du, wir spielen manchmal vor Alten in Kirchgemeindehäusern – natürlich ohne Gage.» So kam die Truppe mit Ruedi Walter, Margrit Rainer, Inigo Gallo und den weiteren Ensemblemitgliedern im Frühsommer 1978 mit dem Stück «Hurra e Bueb» ins bündnerische Tamins. In meinem Dorf erinnert man sich bis heute dankbar an dieses Ereignis. Andernorts wird das ebenso sein.

Was Ruedi Walter die Bühne bedeutete, hat einer seiner Schauspielerkollegen in die Worte gefasst: «Der Ruedi hat auf der Bühne gewohnt.» Und meine Tochter, die Krankenschwester ist, erzählte, sie sei Ruedi im letzten Jahr vor einer Vorstellung der Niederdorf-Oper begegnet, habe da die Mühe beobachtet, die er mit seinen Beinen hatte, aber auf der Bühne sei davon nichts mehr zu merken gewesen. Als Volksschauspieler erfüllten sich an ihm die Worte, welche ebenfalls im Psalm 37 stehen: «bleib wohnen im Land und übe Treue.»

Hier ist auch seine Arbeit beim Radio zu nennen, namentlich seine Sendung mit Margrit Rainer

«Spalebärg 77a – Bis Ehrsams zum schwarze Kaffi», wozu Ruedi bald selbst auch die Texte schrieb. Ich zitiere aus einer Sendung Ende der fünfziger Jahre: «Luisli, bitte kei Politik am Kaffitisch, gell, gib mir lieber e Kirsch.» Und das Luisli sagt darauf zu ihrem Guschteli: «...aber die Glichgültigkeit dem Weltgeschehe gegenüber ischt wieder echt typisch.» Dann wird die schwindende Stimmbeteiligung bei wichtigen Abstimmungen in der Schweiz aufs Korn genommen. Auch gab es da köstliche Wortspiele wie dieses: «Wieso seit mer eigentlich Autosilo?» «Aber Luisli, ...weil mer's Auto eifach ka iene stelle und dänn si-lo.» Wenn diese populäre Sendung ausgestrahlt wurde, waren mancherorts die Strassen wie leergefegt. Meine Frau hat das in ihrer Jugend selber in Bern erlebt.

Beruflich und menschlich sind Ruedi Walter und Margrit Rainer, die vor acht Jahren starb, zu einem Duett zusammengewachsen. Beide blieben Volksschauspieler, dienten ihren Mitbürgern auf ihre ganz spezielle Weise nach ihrer besonderen Begabung, was der Freund Werner Wollenberger verschiedentlich betonte. Dies ist und bleibt ein wichtiger Beitrag innerhalb der Schweizer Kultur. Für die menschliche Beziehung steht zeichenhaft, dass Ruedi und seine Familie oft mit Margrit Rainer und Inigo Gallo gemeinsam nach Südfrankreich in die Ferien gefahren sind.

Spalebärg und Basel erinnert auch daran, dass Ruedi, meist in Begleitung seiner Schwester, in Basels Fasnacht von Jugend auf daheim war. Es heisst: «Der Morgenstreich ist ein Naturereignis, das neunte oder zehnte Weltwunder». Dieses Naturereignis hat Ruedi Walter viele Jahre lang am Radio kommentiert, wobei von ihm aufgeschnappte «Sujets» der Cliquen und die Textauswahl von «Zedeln» ihm unter der Hand zu eigenen Schnitzelbänken wurden.

Eine besondere Rolle spielte in Ruedi Walters Leben seine Familie. Wenn immer möglich fuhr er nach auswärtigen Vorstellungen heim nach Gockhausen. Ich habe das verschiedentlich erlebt, wenn er in Chur zu spielen hatte, und wir nach der Vorstellung noch zusammensassen. Dann sagte er zu später Abendstunde: «So jetzt muess ich hei.» Am 10. März 1962 heiratete er Irène Liechti. Dem Ehepaar wurden die Kinder Nicole und Dominic geboren. Vor sechs Jahren heiratete Nicole John Hemsley, der bald eine tiefe Zuneigung zu seinem Schwiegervater fand. Dann kamen Ruedi Walters Enkelkinder zur Welt, der Ralph, die Colette und der Philip; und Ruedi wurde ein begeisterter Grossvater.

Und wir alle, wir haben Ruedi Walter vielfältig erlebt: Heiter und verspielt, melancholisch, traurig, unwirsch und wie oft grosszügig.

Menschen mit Herz, sagt Jesus Christus, sind das Salz der Erde. Wir sind traurig, weil das Herz von Ruedi Walter zu schlagen aufgehört hat. Trauer ist vielstimmig wie ein Chorsatz. Und eine dieser Stimmen ist die: Trauer verpflichtet, unser Herz weiter für die Lebenden schlagen zu lassen. Irgendwie, scheint mir, blinzelt uns Ruedi Walter das jetzt von jenseits dieser Welt ermunternd zu. «Jässodu.» *Amen!*

Wider die Geistlosigkeit des geistlichen Standes und anderer

Bettagspredigt in Tamins am 15. September 1991
über Markus 1, 1-8

Liebe Gemeinde!
Ein Gleichnis zum Anfang: Einst sagte ich zu einer Vogelscheuche «Du stehst immer hier auf dem Feld. Du musst es müde sein.» Sie antwortete mir: «Verscheuchen bringt tiefe und dauernde Freude, und ich ermüde nie.» Darauf sagte ich, nachdem ich's kurz bedacht: «So ist es, einst kannte ich diese Freude auch.» Sie erwiderte: «Nur wer mit Stroh gefüllt ist, kann sie kennen.» Da verliess ich sie. Ich wusste nicht, ob sie mir geschmeichelt oder mich verspottet hatte. Ein Jahr verging. Währenddessen wurde die Vogelscheuche weise. Als ich wieder dort vorüberkam, nisteten Krähen unter ihrem Hut. –
Dieses Gleichnis stammt von Kahlil Gibran, einem Denker des Glaubens aus dem Libanon. Ich deute es so: Wer strohdumm ist, der verscheucht das Leben. Und dumm meint hier nicht Mühe haben mit Rechnen, Schreiben, Fremdsprachen oder so, sondern allem Denken, Nachdenken und Vordenken ausweichen. Wer denkt – Herr Gott nochmal –, der beginnt zu leben und lässt leben. In der Gleichnissprache Gibrans gesagt: «Währenddessen wurde die Vogelscheuche weise. Als ich dort wieder vorüber kam, nisteten Krähen unter ihrem Hut.» – Vögel des Himmels! In der Bibel sind es die Propheten, die darüber je-

weils zornig werden, wenn in den Köpfen ihrer Zeitgenossen Stroh ist, anstatt dass da die Gottesgabe des Denkens nistet. Das lässt sie den Gottesschrecken über ihr Volk ausrufen. Die Propheten werden für jeden einzelnen zur Zumutung, sich der erschütternden Erfahrung der Nähe Gottes ungeschmälert auszusetzen. Denn vor lauter Sorgen und Besorgungen im Alltäglichen stehen wir in der Gefahr, immer mehr zu vergessen anstatt zu bedenken, wer wir eigentlich sind und was wirklich in uns leben könnte. Das auszusprechen ist der Auftrag der Propheten seit ehedem von Gott her. In dieser Tradition lebte auch Johannes der Täufer. Damit sind wir beim Predigttext. Er lautet in der Übersetzung Eugen Drewermanns:

«Anfang der Heilsbotschaft von Jesus, dem Messias, Gottes Sohn. Wie geschrieben steht bei Jesaja, dem Propheten:

Hiermit sende ich meinen Boten vor dir her,
der deinen Weg vorbahnen soll.
Stimme eines Rufers in der Wüste:
Bereitet den Weg des Herrn.
Gerade macht seine Pfade. (Jes. 40, 3)

Es geschah: Johannes taufte in der Wüste und verkündete die Umkehrtaufe zum Nachlass der Sünden. Und herausging zu ihm das ganze judäische Land und die Jerusalemer alle, und sie liessen sich taufen von ihm im Jordanfluss, ihre Sünden bekennend. Und es war Johannes bekleidet mit Kamelhaar und einem Ledergürtel um seine

Hüfte, und seine Speise: Heuschrecken und wilder Honig. Und er verkündete, sprechend: Nach mir kommt, der stärker ist als ich. Ich bin nicht genug, gebückt seine Sandalenriemen zu lösen. Ich habe euch in Wasser getauft. Er aber wird euch taufen in heiligem Geist.»
In gewisser Weise kam es einem Wunder gleich, wenn Johannes der Täufer ganz Judäa und Jerusalem mit seiner Botschaft in Bewegung zu bringen vermochte. Von ihm gerufen, kamen die Menschen aus ihren Wohnungen, aus ihren Höhlen heraus. Sie begaben sich mit der Wüstenei ihres Innern hinaus in die Wüste, hinaus an den Jordan. Zugleich werden wohl schon damals eine ganze Anzahl von Leuten gesagt haben, wie Johannes der Täufer aussehe, sei für sie zu asketisch, und seine Lehre, sein Auftreten erscheine ihnen zu hart, zu steil. Er stosse sie ab in seiner Schroffheit. Was abstösst, will zum Anstoss werden, zumal wir heute den eidgenössischen Bettag 1991 feiern, der zugleich ein Tag der Umkehr und in diesem Sinne ein Busstag werden will. Das lässt mich Anstössiges nennen. Hierzu gebe ich Beispiele aus Kirche und Kultur, riskiere mich dabei persönlich:
Der katholische Theologe Eugen Drewermann betont in seinem Buch «Kleriker»: «Die religiöse Krise der Kirche ist wesentlich eine Folge der Ungeistigkeit ihres geistlichen Standes.» Was hier Drewermann dem geistlichen Stand seiner römisch-katholischen Kirche bis hin zum Papst ankreidet, das haben wir vorweg kritisch umsetzend auf den Pfarrerstand in unserer reformier-

ten Kirche zu beziehen. Da ist ebenfalls ein Aufstossen wider die Geistlosigkeit des geistlichen Standes am Platz.

Ich sage das betont als zu diesem Stand gehörender Mitbetroffener und bekenne mich selber zu der Versuchung, ein «Hansdampf in allen Gassen» zu sein. Es ist unendlich viel leichter, dieser Versuchung nachzugeben als etwa eine Predigt zu studieren, sich in einen Bibeltext zu vertiefen, sich von ihm in Frage stellen zu lassen und in der Stille über seelische Nöte in unserem Land, über Hast und Stress, über zerbrochene Freundschaften und Vereinsamung, über Lebensmüdigkeit und Drogen, über wachsende Intoleranz und die Zunahme an Gewalt nachzudenken.

Denken ist nicht nur anstrengend, sondern Denken tut auch weh. Da liegt die Flucht, wie sonst, wenn Menschen etwas weh tut, in äussere Aktivitäten nahe. Selbstkritik erlaubt mir darum weiter Kritik an der Geistlosigkeit meines Standes. Da eilen Kolleginnen und Kollegen gewichtigen Schrittes von Tagung zu Tagung, von Kurs zu Kurs. Auf die Frage, was sie denn hier theologisch, also das Reden von Gott betreffend, weitergebracht habe, bleiben etwelche stumm wie ein Fisch. Manche haben mir auch gestanden, seit Jahren kein theologisches Buch mehr gelesen zu haben.

Hier müsste sich der Zorn der Gemeinde regen, der sie versprochen haben, des göttlichen Wortes Dienerinnen und Diener zu sein. Da und dort führt zudem die Geistlosigkeit dazu, Gottesdienste wie ein Unterhaltungsprogramm zu inszenieren. Nichts gegen eine geistvolle Wandlung des Gottesdienstes. Doch Gottesdienst als Unterhaltung ist unglaubwürdig, so sehr andernorts Unterhaltung glaubwürdig ist.

Mit dem treffenden Titel «Auf der Suche nach dem verlorenen Wort» hat Helmut Thielicke, einer meiner theologischen Lehrer, in seinem letzten Buch dieses dargelegt. Ich füge an: Es ist leichter, Menschen zu unterhalten als zu erlösen – etwa von den Fesseln der Ängste. Vom geistlichen Stand, den Prädikanten, wie wir in unserer reformierten Kirche genannt werden, komme ich auf das zu sprechen, was unsere Reformatoren mit dem allgemeinen Priestertum der Gläubigen zu bezeichnen pflegten. So bekundeten sie: Alle Christen stehen unmittelbar vor Gott. Dem Pfarrer kommt da nicht eine spezielle Vermittlerfunktion zu, er hat lediglich innerhalb der Gemeinde sein erlerntes Handwerk als Prädikant auszuüben: Jeder Christ kann also selbst sagen und bekennen, warum er Christ ist.

Man stelle sich vor: Ein Moslem ginge durch unsere Gemeinde und fragte diesen oder jenen Christenmenschen: «Sage mir, was beeindruckt dich an Jesus Christus, und dann will ich dir sagen, was mich an Mohammed beeindruckt?» Meine Konfirmanden, kürzlich von mir also befragt, blieben stumm. Und was würden wir Eltern und Paten antworten? Würde sich da auch eine gewisse christliche, wohl eher unchristliche, Geistlosigkeit offenbaren? Die Frage ist steil, doch von Johannes dem Täufer her stellt sie sich bedenklich ein. Sie sollte uns aufstossen – zur Busse, zur

Umkehr, um unsere Identität zu finden, unsere religiöse Heimat.
Ich nannte, dem Busstag entsprechend, Anstössiges aus unserer reformierten Kirche, getreu der Ehrlichkeit: «Kehre zuerst vor deiner eigenen Tür.» Nachdem dies geschehen ist, dürfen wir im Zeitalter der Oekumene nicht von dem unberührt bleiben, was sich nach den Worten des katholischen Theologen Drewermann an Geistlosigkeit in unserer römisch-katholischen Schwesterkirche breit macht. Um in der Nähe zu bleiben: Offensichtlich verscheucht der Churer Bischof Wolfgang Haas, anscheinend mit Absegnung des Papstes, Theologieprofessoren und Pfarrer aus seinem Bistum, die Geist haben und wagen «Ich» zu sagen. Das hat auch zu einem Einbruch in der Katechetenausbildung geführt. Dies rückt uns noch näher: In der Schule von Bonaduz wird an der Oberstufe dieses Schuljahr vorerst kein katholischer Religionsunterricht erteilt – wegen Katechetenmangel.
Nun gibt es Protestanten, namentlich solche mit repräsentativen Ämtern in unseren schweizerischen evangelischen Landeskirchen, die sagen: Wir haben uns in diesen Konflikt unserer römisch-katholischen Schwesterkirche nicht einzumischen. Gewiss ist, um nicht vorlaut zu werden, ein bestimmtes Mass an Zurückhaltung glaubwürdig, weil hilfreich. Doch dieses Mass ist dann überschritten, wenn es zur Demonstration der kalten Schulter kommt.
Fragwürdig bleibt, dem Brand im Nachbarhaus zuzuschauen. Und lieblos wirkt die Bemerkung:

Selber schuld am Brand. Übrigens müssten alle kirchlichen Hilfswerke gleich welcher Konfession ihren Laden dicht machen, wenn sie sich auf die Geistlosigkeit blossen Zuschauens einlassen würden. Sie leben von dem Geist, der aus den Worten des Apostels Paulus spricht: «Wo einer leidet, da leiden alle anderen mit» (1. Korinther 12, 26).
Nun einmal im Zuge, Anstössiges zu nennen, will ich die Kreise jetzt unter dem Motto «Geld und Geist» weiter ziehen. Geist ist kostbar, sagt man, doch im gleichen Atemzug: Geist darf nur wenig kosten. Hierüber kommt es auch in der Gesellschaft zum Streit. Als ein Muster unter vielen nenne ich den Konflikt um das Churer Stadttheater. In diesem Theater traten, soweit ich informiert bin, manche Schauspieler und Literaten weit unter ihrer üblichen Gage auf. Wichtiger war ihnen, den Geist zu kitzeln. Von den Profis ging nach meiner subjektiven Beobachtung etwas auf die Laienschauspieler, unsere dörflichen Theatervereine, über, sei's bewusst oder unbewusst. Bei deren Darbietungen in Rhäzüns und in Tamins fiel mir ihr zunehmender Anspruch, den Geist, das Nachdenken anzuregen, auf.
Nun muss man ja nicht gerade Theaterfan oder, um es noch weiter zu ziehen, Fan von geistvollen Musicals wie etwa «Cats» sein. Doch drängt sich in Kirche und Kultur um unseres Zusammenlebens willens eine Umkehr auf, ein aktiver Widerstand gegen die Geistlosigkeit. Denn, wenn auf der Waage «Geld und Geist» dem Geld das grössere Gewicht zukommt, wenn wir uns unsere Se-

ligkeiten von den Habseligkeiten versprechen, dann gehen wir seelisch vor die Hunde. Positiv, wie angedeutet: So manchen unter uns ist das längst unter die Haut gegangen.
Und doch, um der Realität willen, will ich, neben dem Positiven nochmals etwas Negatives nennen, und zwar jetzt wieder aus dem kirchlichen Bereich. Dabei überschreite ich die Grenze von der Schweiz nach Deutschland. Denn auch uns in der Schweiz kann Folgendes nachdenklich stimmen betreffend «Geld und Geist»: Der Kirche kehrten in Deutschland im Juli doppelt so viele Menschen den Rücken wie im gleichen Monat des vergangenen Jahres. Warum? «Nicht der Unglaube treibt die Leute aus der Kirche, sondern das Defizit der Geldbörse, das dem Steuerbürger der Solidaritätszuschlag ‹Aufschwung Ost› beschert. 7,5 Prozent der Lohn- und Einkommensteuer verlangt der Fiskus zusätzlich. Viele reichen ihren Unmut nun der Kirche weiter. Denn mit der ersparten Kirchensteuer lässt sich das private Budget ohne Einschränkung ausgleichen.» (Deutsches Allgemeines Sonntagsblatt vom 30. 8. 1991)
Hier offenbart «Geld und Geist», wie so oft im Leben, das Entweder – Oder: «Geld oder Geist» – «Haben oder Sein in Solidarität.»
Liebe Gemeinde! Was ich da in Variationen wider die Geistlosigkeit nannte, war ein Versuch, ja ein persönliches Risiko, die Busspredigt Johannes des Täufers ins Heute zu übersetzen.
Erst dann gilt, was keiner besser wusste als der «Täufer» selber: Es wird nach ihm jemand kom-

men, den man nicht mehr zu verkündigen braucht mit Mahnungen und Aufrufen, Drohungen und Forderungen. Er wird sich ereignen – ganz von innen. Denn dies ist das wirkliche Wunder unserer Menschlichkeit, dass wir getauft werden können mit einem Geist, der in unserem Herzen lebt, ein heiliger, heilender Geist, der wächst in unseren Träumen, der Gestalt gewinnt in unserem Fühlen, der reift in unserem Denken – kein fremder Geist mehr, sondern eine Kraft, die erfüllt, wie es beim Propheten Joel geschrieben steht: «Am Ende der Tage werde es sein: siehe, da gebe ich euren jungen Leuten Gesichter und euern alten Leuten Träume» (Joel 2, 28).
Den jungen Leuten Visionen, ein Schauen mit Zukunft, den alten Leuten Träume, verwurzelt in Herkunft. Und einem jeden die «Taufe» des Geistes im Namen des Gottessohnes Jesus Christus. Welch eine Verheissung! Welch ein Beginnen!
Das lässt mich am Ende dieser Predigt den Schluss eines in Variationen bekannten Witzes aufnehmen, den mir vor Wochenfrist ein Thurgauer Weinbauer erzählte: Da versprach sich ein Pfarrer mehrmals in seiner Predigt. Namentlich wurde ihm angekreidet, dass er die Predigt nicht mit Amen, sondern mit «Prosit» schloss. Ich dankte jenem Thurgauer im heiteren Gespräch und bekundete ihm: Was einem wirklich ernst ist, das hält Ausschau nach der Glaubensheiterkeit. So werde ich die Bettagspredigt 1991 mit dem Wunsch «Prosit» zu deutsch «sie möge nützen» – sie möge ankommen – schliessen. Ich tue es. Und dazu sage ich: *Amen!*

Es läuft rund

Predigt anlässlich der Einweihung des neuen Gemeindezentrums Tamins am 28. Oktober 1990 über 1. Mose 2, 9 und 2, 18-24

Liebe Gemeinde!
Was tummelt sich da unter dem Lebensbaum? Wer geht, liegt oder steht da? Tiere sind es, und Menschen – der Adam und die Eva.
Namen sind in der Bibel wie Bilder, wie Symbole. Das hebräische «adam», heisst zu deutsch «Mensch» – und «adama» «Erde». Der Mensch, Adam, so das biblische Zeugnis, hat etwas mit Erde zu tun. Die Erde ist seine Herkunft. Die Herkunft fordert: «Menschen, bleibt der Erde treu! Vergiftet nicht eure Herkunft.» «Eva», hebräisch «chawa» bedeutet Leben. Und Leben ist, wiederum nach biblischem Zeugnis, des Menschen Zukunft.
Erde und Leben, Herkunft und Zukunft machen uns Menschen den Baum zum Symbol. Es ist seine Gestalt mit den in der Erde verhafteten Wurzeln und der dem Himmel, dem Leben zugeordneten Krone. So wird er uns zum Lebensbaum. Dieses, die Menschen immer wieder bewegende, Symbol geht uns heute vielleicht besonders unter die Haut. Wir wissen: Wenn Bäume sterben, sterben auch bald Menschen.
So spricht uns das Wort vom Lebensbaum (1. Mose 2, 9) im Garten Eden an. «Eden» heisst «Wonne». Wo Wonne am Horizont aufleuchtet,

tut sich Hoffnung auf. Und Hoffnung gibt Wünsche frei.

Taminser Frauen haben dem Ausdruck verliehen. Nach Hans Schmids Entwurf «Lebensbaum» fertigten sie für unser neues Gemeindezentrum einen Wandteppich an. Dahinein gaben sie mit Hand, Kopf und Herz den Wunsch, dass im Ort wieder vermehrt Gemeinschaft gelebt werde.

Der in gemeinsamer Arbeit entstandene Wandteppich mit dem Lebensbaum lässt mich auf jenen Baum verweisen, der heute just zwischen unserem alten Schulhaus und unserem neuen Gemeindezentrum steht. Ich meine die Linde. Als sie einst gepflanzt wurde, war das auch eine Gemeinschaftsarbeit, verbunden wohl mit ähnlichen Wünschen. Hierzu hat mir wiederholt der anfangs vergangenen Jahres im hohen Alter verstorbene Lehrer Felix Koch erzählt: Im Frühjahr 1911 veranlasste der damalige Taminser Pfarrer Johann Jakob Frei seine Konfirmanden, die Linde vor dem Taminser Schulhaus zu pflanzen, die uns heute als prächtiger, mächtiger und schöner Baum begeistert. Dabei bedachte er jeden mit besonderen Aufgaben. Die einen hatten die dazu benötigten Geräte, ein anderer den Mist, wieder andere Weiteres zu beschaffen. Dazu kann einem das Wort Goethes einfallen: «Grau, teurer Freund, ist alle Theorie, und grün des Lebens goldner Baum.»

Heute grüssen sich nun gleichsam die beiden Bäume, die Linde draussen und der Lebensbaum auf dem Wandteppich drinnen mit dem über die Zeiten dauernden Wunsch nach Gemeinschaft.

Für Tamins mit seinem neuen Gemeindezentrum könnte das heissen: Wie die Kinder zum Spielen, so haben die verschiedenen Gruppen, Vereine und Behörden unseres Dorfes jetzt ihre geeigneten Räumlichkeiten. Die wollen füreinander aufgeschlossen sein, damit es vermehrt zu Begegnungen innerhalb unserer recht verschiedenartigen und verschieden begabten Bevölkerung kommt, was Gemeinwohl, ein Stück Eden, ein Stück Wonne bewirkt. Da wird der eine den anderen ergänzen, was zum Ganzen beiträgt. Das ist so etwas wie ein Puzzle. – Vielleicht sollten wir als Dorfhymne einführen: «Das Leben ist ein Puzzlespiel, wir puzzlen alle Tage.» Etwas trockener ausgedrückt: Wir suchen einander zu ergänzen.

Die Frauen, die unseren Wandteppich anfertigten, haben das zur Vertiefung ihrer Arbeit unter fachkundiger Leitung in einer Pantomime zum Thema Puzzle geprobt. Da galt es, ohne Worte, verschiedene Gestalten wie Bettler, Clochard, Zigeuner, Kaufmann, Gelehrten etc. darzustellen. Dann kam es zu Begegnungen, und es galt herauszufinden, wer zueinander passt. Und gleichsam in einem dritten Akt ging es um den Begegnungsort und die Zeit, beispielsweise in einer Hotelbar um elf Uhr.

Als mir davon berichtet wurde, fiel mir sogleich das biblische Bild (1. Mose 2, 18–24) von der Erschaffung der Eva aus der Rippe des Adams ein. Rippe, das meint hier Seite. Eine Seite fügt sich an und in die andere Seite. Adam und Eva ergänzen einander, «werden ein Fleisch» – auch eine

Art Puzzle. Denn: «Es ist nicht gut, dass der Mensch allein bleibt.» Erst dieses Sichergänzen – auch Liebe genannt – bringt dem Menschen die Erfüllung seines kreatürlichen Daseins. So wird in der Bibel das Sichergänzen von Mann und Frau, Frau und Mann zum Urbild von Gemeinschaft überhaupt.

Die Frauen, die unseren Wandteppich schufen, haben sich dann noch einmal darüber Gedanken gemacht, was denn da jede persönlich mit Hand, Kopf und Herz – jenem Dreiklang Heinrich Pestalozzis – zu diesem Gemeinschaftswerk beitrug. Jede zeichnete auf ein Blatt Papier die eigene Hand, den Kopf, ein Herz oder einen Kreis und schrieb spontan in Stichworten eigenes Fühlen, Denken und Empfinden dahinein. – Die Blätter kann man sich nachher dort hinten an der Wand anschauen. Sie waren nicht zur Ausstellung gedacht, blieben daher spontane Skizzen, wiesen aber Ursprüngliches auf und können uns als Gleichnis, dem Lebensbaum entsprechend, für ein Wachsen in Gemeinschaft werden. Ich nenne jetzt, auch als Puzzle, in Auswahl etwas von den notierten Stichworten.

Zunächst zur Hand: «Was im Kopf geplant, zu verwirklichen versucht; Wolle bearbeitet, Filze hergestellt, Formen ausgeschnitten; schönes, weiches Material; Fingerspitzengefühl; lernen, neue Handwerkstechnik auszuführen, handwerkliche Mithilfe, zupacken; gemeinsam mit anderen Händen geformt, oft auch als mühsam empfunden; Kraft, Ausdauer, Geschicklichkeit; Formen, gestalten, etwas Schöpferisches arbeiten.»

Dann zum Kopf: «Oft gefragt: Was soll's, was bringt's, wird der Teppich fertig?, öppis helfe gestalte mit Farbe und Forme; suchen nach gangbaren Wegen; Farben auswählen; Gedanken zur Symbolik; zuerst Zweifel, Skepsis am eigenen Können, dann Zuversicht.»

Und zum Herz: «Freude, Fröhlichkeit, zwischenmenschliche Gespräche; Einfügen, Anpassen, Freude am gelungenen Werk; Freundschaft, Toleranz; mit Herzen versucht, Positives, Gutes in den Teppich hineinzubringen, hineinzuarbeiten, was nicht immer gelang; Liebe zum Handwerk, ein Weg zu mir selbst und zu den anderen; Freude an gemeinsamer Idee; Gemeinschaftsarbeit, die viel Schönes gebracht hat; hier habe ich unbekannte Frauen kennen gelernt, und diese Erfahrung, diese Gemeinschaft hat mir sehr viel für mich und meine Familie gebracht.»

Das alles lässt mich jetzt auf den Kreis und das Kreuz im Zentrum des Lebensbaums unseres Wandteppichs verweisen. Kreis und Kreuz sind elementare Symbole. Der Kreis symbolisiert die Fülle, die Freude, das Ganze, die Vollkommenheit. Die Griechen in der Antike nannten das so: «Alles Vollkommene ist rund.» In unserer Sprache spiegelt sich das wieder. Wenn's gut geht, sagen wir: «es läuft rund». Wir sprechen vom Rundgang, von der Tafelrunde und – auch in der Politik des Aufbruchs – vom runden Tisch. Übrigens: Der runde Tisch kennt keinen Ehrenplatz, er ist, seit der Biedermeierzeit im letzten Jahrhundert, ein Symbol für Demokratie, wo einer den anderen gerade auch durch sein Anderssein ergänzt.

Dann ist da im Kreis das Kreuz. Es symbolisiert die Realität: Das Runde wird jeweils durchkreuzt. Zur Freude kommt das Leid. Es gibt halt Freuden und Leiden am Leben, an der Gemeinschaft.

Das lässt mich abschliessend zu bedenken geben: Wenn heute viele menschliche Beziehungen scheitern, so könnte die wesentliche Ursache hierfür darin liegen, dass allzugrosse Erwartungen an die Partner adressiert und an ihnen festgebunden werden. So zerbrechen menschliche Beziehungen an massloser Überforderung. Aber wir haben doch ein uns von Gott gegebenes massloses Herz. Wohin damit?

Ich glaube, unsere Beziehungen reifen und unsere Gemeinschaft wächst, wenn wir die masslosen Sehnsüchte unseres menschlichen Herzens an Gott selbst festmachen und nicht am menschlichen Partner. Das erlaubt und eröffnet uns Menschen Partnerschaft und Gemeinschaft, in der wir uns einander gegenseitig Begrenztheiten und Knappheiten gestatten. Wir sollen ja Menschen und nicht Gott sein, Menschen eben in der Nachfolge Jesu Christi.

Amen!

Hörfähigkeit als Frieden

Weihnachtspredigt in Tamins am 25. Dezember 1992 über Lukas 2, 20 und Römer 10, 17

Liebe Gemeinde!
«Schöne wilde Weihnacht» heisst ein Buch, das meine Frau und ich uns kürzlich kauften. Es enthält Märchen, Sagen und Legenden aus alter Zeit. Darunter befindet sich ein Legendenkranz aus dem 13. Jahrhundert mit dem Titel «Von den Wundern, die in der heiligen Nacht geschahen». Sein unbekannter Verfasser betont in der Einleitung: «Und wenn Ihr fürchtet, dass Euch der Kopf schläfrig wird, so sage ich nur soviel: Ich weiss wohl, dass die Menschen heutzutage wenig von Andacht halten und die Kürze zu schätzen wissen, wenn man die heiligen Worte auslegt.» Gleich anschliessend wird die Bedeutsamkeit des Hörens für den Glauben betont.
Jedenfalls wissen auch wir: Hören ist für Weihnachten konstitutiv. Wer nichts hört, feiert gar nicht Weihnachten. Es gibt keinen Glauben und keinen Frieden ohne das Hören. Und wo Menschen sich die Ohren zuhalten oder verstopfen, da herrscht Krieg, sei es innerlich oder äusserlich oder beiderlei.
So habe ich für die heutige Weihnachtspredigt zwei Bibelworte ausgesucht, die das bekunden. Das erste ist der Schluss des Weihnachtsevangeliums – Lukas 2, Vers 20: «Und die Hirten kehrten wieder um, priesen und lobten Gott um alles, was sie gehört und gesehen hatten, wie denn zu

ihnen gesagt war.» Und das zweite stammt vom Apostel Paulus aus dessen Römerbrief Kapitel 10 Vers 17: «Also der Glaube kommt aus dem Hören durch das Wort Christi.» – die Weihnachtsbotschaft in anderem Ausdruck.

Mit dem Hören haben wir heute Schwierigkeiten. Da ist ja kaum ein auffälligeres Charakteristikum unserer Zeit als der ungeheure Lärm, der sich überall ausbreitet, der in alle Ritzen dringt, die Ohren verstopft und die Herzen empfindungslos macht. Es verwundert nicht, dass unser Wort ‹dumm› mit ‹dumpf›, ‹taub› und ‹stumpf› aber auch mit ‹stumm› in Verbindung steht. Wer seine Hörfähigkeit einbüsst, verkümmert in seiner Menschlichkeit, sät Hass statt Liebe.

Im Grunde bedeutet Weihnachten alle Jahre wieder das Geschenk der Hörfähigkeit «durch das Wort Christi», wie es der Apostel Paulus ausdrückt. Der Evangelist Lukas tut es mit seiner Weihnachtsgeschichte, die voller Hören ist. Dabei greift er, der Historiker, zur Form der Legende. Das ist nicht abwertend gemeint, wie wir manchmal noch «nur eine Legende» sagen, sondern aufwertend als Eingangstür zum persönlichen Glauben und Verstehen. Ausleger reden von einer «Pfortengeschichte», einer feierlichen Eröffnung, einer Ouvertüre.

Es geht etwas zu Ende, vor allen aber beginnt etwas Neues. Menschen sitzen im Todesschatten und ängstigen sich, es scheint keine Zukunftsperspektive zu geben, die Welt ist verbraucht, die Menschen sind müde geworden, es ist keine Hoffnungskraft mehr. In diese Situation bringt der Engel den guten Bericht: «Habt keine Angst – Christus der Heiland ist da!»

Es werden uns die Hirten gezeigt, die nicht in skeptischer Reserve bleiben, sondern hörbereit sind und sich innerlich öffnen. Sie hören den Lobgesang der Engel auf dem Felde bei Betlehem.

Bis heute prägt Musik mit die Advents- und Weihnachtszeit. Chöre und Musiker bis hin zur Heilsarmee auf den Gassen mit ihrer Topfkollekte finden aufmerksame Zuhörer. Und man selbst ertappt sich hier und da beim Summen oder gar Singen.

Vermutlich in der Nachweihnachtszeit 1941, mitten im Zweiten Weltkrieg, notierte die Münchner Studentin Sophie Scholl, die bald mit dem Widerstandskreis der «Weissen Rose» ein Opfer des Naziterrors werden sollte: «Musik macht das Herz weich; sie ordnet seine Verworrenheit, löst seine Verkrampftheit und schafft so eine Voraussetzung für das Wirken des Geistes in der Seele, der vorher an ihren hart verschlossenen Pforten vergeblich geklopft hat. Ja, ganz still und ohne Gewalt macht die Musik die Türen der Seele auf.»

Die Hirten werden vom Feld in die Stadt Betlehem geschickt. Das hebräische Wort «Betlehem» heisst «Haus des Brotes». Da finden die Hirten das Kind in der Krippe, in einem Futtertrog liegend, finden den Heiland als Brot des Lebens.

Später hat man sich weiter in legendarischer, tiefsinniger Weite auf die ursprünglichen Anwärter des Futtertrogs besonnen. Dazu heisst es in dem eingangs erwähnten französischen Legendenkranz: «Der Ochse Langsamkauer und der Esel Trippelschritt hatten ihre Mäuler über die Krippe geschoben und hauchten dem Kind ihre Wärme ein, gerade als wüssten sie, dass Neugeborene zu schreien beginnen, wenn ihnen kalt wird. So erfüllten sich die Worte des Propheten Jesaja: ‹Der Ochse hat seinen Schöpfer erkannt und der Esel die Krippe seines Herrn›.» Stehen wir Menschen an der Krippe mit den anderen Geschöpfen, die leben und auch leben wollen?

Sodann halte ich weiter die Verkündigung des guten Berichtes an die Hirten auf dem Felde bei Betlehem mitten in der Nacht für höchst aktuell: Wir begegnen ja Zeitgenossen – und wir begegnen uns selbst in ihnen – die nichts mehr erwarten, die von einer abgrundtiefen Müdigkeit gezeichnet sind.

Da sind die vielen Menschen, welche heute ein trauriges oder ein hungriges oder ein Weihnachten im Krieg erleben. Sie werden schwermütig, spricht man den Namen Gott und Heiland aus. Denn in diesem Wort leben all die unabgegoltenen Träume von Güte und Menschlichkeit und Gerechtigkeit. Und genau so lebt in diesem Wort «der salzige Schmerz und der bittere Geschmack, dass die Welt so ganz anders ist und man über so viel Leid oft nicht glauben kann». (Eugen Drewermann) Die Worte scheinen verbraucht zu sein und die Träume ausgeträumt und die Zukunft ohne Erwartung. Die Augen und Ohren schliessen sich.

Gegen solche Verzweiflung kommt man nicht mit Argumenten, wohl aber mit Behauptungen

an, etwa so: Leben bedeutet, dass noch etwas aussteht, dass noch Boten kommen und Frieden ansagen. Sie lassen uns in uns selbst hineinhorchen, in andere Menschen und in Gott.
Ich glaube, der Evangelist Lukas hat die Weihnachtsgeschichte geschrieben, damit wir hinhorchen, ob sich nicht – wie bei den Hirten – auch in unserem Leben die Botschaft zu Wort meldet: Christus, der Heiland ist da!
Der Liederdichter Paul Gerhardt, der die Fürchterlichkeiten des Dreissigjährigen Krieges im 17. Jahrhundert miterlebt hatte, schliesst seinen Weihnachtschoral «Ich steh an deiner Krippen hier, o Jesu Christ, mein Leben» mit der Bitte:

«So lass mich doch dein Kripplein sein:
komm, komm und kehre bei mir ein
mit allen deinen Freuden.»

Amen!

Dank und Klage machen offen

Kurzpredigt zum Jahreswechsel 1986/87 aus der Fernsehsendung «Der Pfarrer von Tamins – Winterliches aus Graubünden» des Südwestfunks Baden-Baden vom 2. Januar 1987

Liebe Gemeinde!
Der Jahreswechsel lässt uns innewerden, was Gott uns im vergangenen Jahr hat ernten lassen. In Auswahl nenne ich dies:
Gott hat uns viel Schönes sehen, hören, erleben lassen. Dazu gibt es, was auffällig ist, in der Bibel eine Fülle von Aussagen, die Schönheiten des Lebens betreffend. Da heisst es etwa: «Dein Auge sieht gern, was lieblich und schön ist!» «Du wirst die Gerechtigkeit anziehen wie einen schönen Rock.» «Die Jahresfeste soll man schön begehen.» Schönes macht dankbar – Erntedank.
Gleich weiter will ich sagen: Gott hat uns Augen für das Schöne gegeben, damit wir fröhlich Verantwortung tragen, Verantwortung, die Ehrfurcht vor allem empfindet, das lebt und auch leben will. Schönes verpflichtet!
Zudem haben wir anderes geerntet, denn wo Licht ist, da ist auch Schatten. Wir haben Erfahrungen von Leid, sei es eigenes oder fremdes Leid, geerntet: Krankheit, Kummer, Einsamkeit, Not, dann Hunger, Elend, Ungerechtigkeit in der Welt, dazu Hass, Neid, Lüge und Gewalt. Das lässt uns klagen – Ernteklage.

Zum Licht des Dankes gesellt sich der Schatten der Klage. So stehen wir gerade am Jahreswechsel dankend und klagend vor Gott.
Dank und Klage, die beide aus dem Herzen fliessen, machen uns offen. So bleiben wir nicht auf unserer Ernte sitzen, sondern entfalten und öffnen uns durch sie im neuen Jahr.
Schönheit, Verantwortung, Offenheit sind die Erntegaben, welche ich zum Jahreswechsel namhaft machen will. Sie weisen aus der Vergangenheit in die Zukunft. Das lässt mich mit den Bildworten Jesu Christi aus dem Johannes-Evangelium in Martin Luthers Übersetzung schliessen: «Hebet eure Augen auf und sehet in das Feld, denn es ist schon weiss zur Ernte. Und wer da schneidet, der empfängt Lohn und sammelt Frucht zum ewigen Leben, auf dass sich miteinander freuen, der da sät und der da schneidet» (Johannes 4, 35–36).

Amen!

Ein Lachen hat uns Gott bereitet

Predigt in Bonaduz und Tamins am 5. Februar 1989 über Psalm 126, 1-2 und Lukas 6, 21

Liebe Gemeinde!
An der Tür zum Klassenzimmer begrüsse ich Primarschüler, die zum Religionsunterricht in Bonaduz gekommen sind. Während ich einem die Hand gebe, blinzelt der schelmisch und fragt laut: «Herr Pfarrer, haben Sie überirdische Kräfte?» Der nächstfolgende Knirps ruft schmunzelnd aus: «Nein, er hat unterirdische!» Wir lachen schallend miteinander.
Wenige Tage später bin ich zum Abendessen ins hiesige Schloss Reichenau geladen. Ich sitze gemütlich mit der Besitzerfamilie am Tisch. Da erzählt der Vater: «Unsere älteste Tochter, sie ist im Kindergartenalter, hat gefragt: «Wenn der Pfarrer kommt, essen wir dann in der Kapelle?» Nun, die Tochter hatte wohl schon verschiedentlich beobachtet, wie sich andere Kollegen und ich uns in die dem Schloss eigene Kapelle begaben. Also, wir lachten, weil sich so oft für uns Erwachsene Vernunft und Komik in Kinderfragen paart.
Während ich mir später in meinem Studierzimmer überlegte, was ich am heutigen Sonntag predigen könne, fiel mir eben Erzähltes wieder ein. Das gab mir den Anstoss, jetzt mit euch, liebe Gemeinde, etwas über das Lachen nachzudenken. Warum?

Im allgemeinen lastet auf unserer Verkündigung ein Geist der Schwere. Das veranlasste vor Zeiten einen Prediger zu dem Ausruf: «Auf, lasst uns den Geist der Schwere töten.» Und Martin Luther bekannte: «Wo der Glaube ist, da ist auch Lachen.» Diese Aussagen lassen uns innewerden: Offenbar fällt es uns leichter, im Glauben zu weinen, als im Glauben zu lachen. Auch gab es Zeiten, da in der Kirche das Weinen erlaubt, das Lachen aber verboten war. Zudem fällt auf, dass in der Bibel – rein summarisch gesehen – das Tunwort weinen viel öfter vorkommt als das Tunwort lachen.

Das Gegenteil aber trifft für die Hauptworte Freude und Trauer zu. Da überwiegt – wiederum rein summarisch gesehen – das Wort Freude bei weitem das Wort Trauer. Diese Beobachtung, die der Konkordanz – dem Wörterbuch zur Bibel – zu entnehmen ist, lässt aufmerken: Offensichtlich ergänzt hier eins das andere. Löst Trauer Weinen aus, so Freude Lachen – auch wenn's nicht immer gleich betont wird. Nach dem Zeugnis der Bibel kommt in unserem Glaubensleben beidem elementare Bedeutung zu: Die Trauer, «die mir weinet» und die Freude, «die mir lachet.» Ausgedrückt finden wir das in zwei biblischen Texten, die ich deshalb dieser Predigt zugrundelegen möchte. Den einen Text entnahm ich dem Alten Testament. Da heisst es zu Anfang des 126. Psalms, einem Lied der aus dem babylonischen Exil im 6. Jahrhundert vor Christus heimgekehrten Israeliten: «Als der Herr das Los der Gefangenschaft Zions (Israels) wendete, da waren wir

alle wie Träumende. Da war unser Mund voll Lachen und unsere Zunge voll Jubel.»
Der andere Text stammt aus dem Neuen Testament und ist ein Wort Jesu. Wir finden es im Lukasevangelium aufgezeichnet, in Kapitel 6 Vers 21: «Selig, die ihr jetzt weint, denn ihr werdet lachen.»
Beide Texte, wiedergegeben nach der Einheitsübersetzung, bezeugen: Ein Rühmen Gottes ist das Lachen, das jeweils aus der Gefangenschaft in die Freiheit führt und uns durch die Zeit des Weinens hindurch in die Zeit des Lachens bringt.
Vom befreienden, vom erlösenden Lachen, in das wir unsere eigenen Erfahrungen eintauchen, ist da die Rede.
Das Lachen sagt uns einmal: Du bist ein Mensch, du wandelst dich, du wirst gewandelt, überraschend – von Gott her. Das Lachen sagt uns zum anderen: Es gibt eine Zeit zum Lachen, oder es wird sie geben. Denn auch diese Zeit ist von Gott erschaffen. Wir sagen dann: Wir lachen über das ganze Gesicht. Wir lachen aus vollem Halse, – herzhaft lachen. Wir lachen so, dass uns die Tränen kommen. Und wir bekennen: Ich, das Lachen, dieser kleine, kindsköpfige Dummerling, der Purzelbäume schlägt und Tränen lacht, bin von Gott geschaffen. – Ein Rühmen Gottes ist das Lachen, weil es uns Menschen Mensch sein lässt.
Zugleich erleben wir: Wer so lacht, wird oft nicht für voll genommen. Das Lachen ist teuer geworden in der Welt. Billig zu haben ist hingegen das andere Lachen, das Auslachen, das schadenfrohe, das gemeine, hinterhältige, intolerante La-

chen. Hinzu kommt das verzweifelte Lachen, das sich, so nennt es Karl Rahner, «über die Unbegreiflichkeit der Geschichte dadurch hinwegzuhelfen sucht, dass es dieses Spiel der Geschichte als eine grausame Narrenposse zu begreifen sucht, anstatt es als eine göttliche Komödie zu verehren, demütig und vertrauend, dass uns sein Sinn einmal offenbar werde.»

Mich lässt das sagen: Soll nicht das böse Lachen, das teuflische Gelächter, triumphieren, so müssen wir Christen uns auf die auch im Glauben liegende Kraft des Lachens besinnen. Wir werden dann mit Lachen für Sympathie werben. Sympathie heisst auf deutsch: mitleiden. Wer lacht, nimmt sich eben selbst nicht so wichtig; er kann, wie Christus, mitleiden, Sympathie bezeugen.

Übrigens, auch da haben wir Erfahrung mit uns selbst und mit anderen: Unsympathische Menschen können nicht herzhaft lachen. Sie – und manchmal sind die wie wir selbst – können nicht zugeben, dass nicht alles so wichtig und bedeutend ist. Sie möchten immer bedeutend sein und mit Wichtigem befasst. Sie haben «Angst um ihre Würde. Sie sympathisieren nicht, sie lieben nicht und lachen darum auch nicht.

Wir aber, liebe Gemeinde, wollen lachen, uns nicht schämen zu lachen. Denn es ist eine Offenbarung oder wenigstens eine Vorschule der Liebe zu allem in Gott. Das Lachen ist ein Rühmen Gottes, der die Liebe ist, weil es den Menschen einen Liebenden, einen Sympathisanten sein lässt.

«Ihr aber werdet lachen», so steht es geschrieben. Darum liegt auch in jedem Lachen unseres

Alltags ein Geheimnis der Ewigkeit verborgen. Ein Lachen hat uns Gott bereitet. Wir wollen es glauben und – lachen. Da ich diese Predigt erzählend begann, möchte ich sie auch erzählend ausklingen lassen; was folgt, kann uns zum Gleichnis für befreiendes Lachen inmitten ernster Bedrohung werden. Helmut Thielicke, einer meiner theologischen Lehrer, hat ein Buch mit dem Titel «Das Lachen der Heiligen und der Narren» geschrieben. Am Schluss erzählt er da folgende Geschichte:
«Gegen Ende des Zweiten Weltkrieges hielt ich in einer Dorfkirche nahe bei Stuttgart die Sonntagspredigt. Während ich so schön im Schwung war, erhob sich plötzlich, ohne dass Fliegeralarm gegeben worden wäre, ein schauerliches Heulen von Flugzeugmotoren, dazu Maschinengewehrgeknatter und das Krachen der Flak. Bei Alarm schickte man die Gemeinde schleunigst nach Hause, aber das ging nun nicht mehr. Wir waren schon mitten im Schlamassel. Ich pflegte für Notfälle mit dem Organisten ein Lied zu verabreden, das beim Hinausgehen gesungen werden und die Menschen beruhigen sollte. Zu dieser geistlichen Waffe griff ich auch jetzt und brüllte durch den Höllenlärm hindurch: «Alle legen sich auf den Boden! Wir singen ‹Jesu, meine Freude›...»
Als ich die Gemeinde, die ich gar nicht mehr sah, so aus der Tiefe der Kirchenbänke heraus singen hörte, während es um uns krachte und wetterte, musste ich lauthals lachen, obwohl die Situation kitzlig war und ich obendrein auf einer Kanzel

stand, wo man so etwas nicht zu tun pflegt. Aber der – trotz der beengten Lage der Singenden – immer noch triumphale Choral schaffte wohl eine Entrückung und eine Distanz, die dieses Lachen auf der Kanzel möglich machten. Und ich denke, dass auch hier der liebe Gott das, was ich so gröblich tat, mit einem sehr feinen Lächeln begleitet hat, wie es dem hohen himmlischen Herrn gebührt.»

Amen!

Pfarrer Peter Niederstein mit Konfirmanden 1992
(Foto: Robert Flütsch)

Peter Niederstein

Seine Predigten sind voller Hoffnung und Zuversicht. Denn Peter Niederstein ist ein Seelsorger, der in seinen Mitchristen nicht das schlechte Gewissen wachhält, um ihnen danach – ein gottesfürchtiger Lebenswandel vorausgesetzt – Gottes Wohlgefallen zu versprechen. Gottes Reich ist für den Pfarrer von Tamins auch auf dieser Welt. Hoffnung und Zuversicht, die einem Selbstgefälligen niemals in den Schoss fallen werden, lassen sich nur aus dem Glauben schöpfen. Und dass dieser Glaube Taten fordert und möglich machen kann, solange wir in dieser Welt wandeln, daran lässt der Autor der Taminser Predigten keinen Zweifel.

Peter Niederstein ist ein Seelsorger, der, ohne die Botschaft des Evangeliums dem Zeitgeist anzupassen, mit beiden Füssen fest auf dieser Erde steht. Trost bedeutet für ihn nicht vertrösten. Statt frommer Wünsche fordert er Taten. Für ihn ist das Leben kein Jammertal; es darf, muss gelebt werden – weil Gott den Menschen das Leben jeden Tag wieder aufs Neue schenkt.

Die Predigten von Peter Niederstein machen Mut und geben Kraft, weil in ihnen vom Hier und Heute die Rede ist. Der Welt Entrücktes – und somit nicht mehr in der Verantwortung des Christen – ist diesem Theologen fremd. Er versucht vielmehr seine Mitchristen in die Pflicht zu nehmen – und zwar jetzt, in diesem Augenblick.

Darum war es naheliegend, eine Auswahl seiner Predigten schriftlich vorzulegen. Denn im Got-

tesdienst Gehörtes, Erlebtes in einem stillen Augenblick in Erinnerung zu rufen und zu vertiefen, ist unerlässlich zur Definition und Stärkung des eigenen Glaubens, des Vertrauens in Gott.
Peter Niederstein, Jahrgang 1933, ist seit 1973 Seelsorger in der Bündner Gemeinde Tamins. Die Schweiz, und besonders Graubünden, ist ihm zur Heimat geworden, in der er in zahlreichen kirchlichen Gremien tätig ist. Für die Oekumene setzt er sich in besonderem Masse ein – weil es für ihn klar ist, dass sich das Evangelium unmissverständlich und eindeutig an alle Menschen richtet – und nicht an einzelne auserwählte Kreise.
In zahlreichen Publikationen hat Peter Niederstein sein Glaubensverständnis, seine Gedanken dargelegt. Diese Darlegungen, denen mit diesem Band «Wider die Angst» die notwendige Ergänzung hinzugefügt wird, regen nicht nur zum Nachdenken an, sie lassen vielmehr deutlich erkennen, dass christlicher Glaube eine Sache ist, für die jeder Einsatz lohnt. – egal, wie nahe man gerade der Kirche steht...

Rudolf Merker